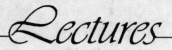

Collection dirigée par Claude Revil

ONZE NOUVELLES INÉDITES

Christian Grenier, Andrée Clair, Michèle Kahn,
Jacques Charpentreau, Michel Louis,
Claude et Jacqueline Held, Pierre Gamarra,
Bertrand Solet, Anne-Marie Chapouton.

Présentation et itinéraires de lecture
par Michel Barbier

Préface de Daniel Coste

HACHETTE

Préface

La littérature et l'enseignement des langues entretiennent depuis longtemps des rapports trop ambigus pour n'être pas filialement pervers. S'il y a, chez bien des créateurs, un pédagogue qui s'ignore ou s'affirme, il existe à coup sûr en tout apprenant de langue (comme en tout enseignant) un artisan du verbe qui sommeille et qu'on éveille.

Le présent recueil a quelque chose de l'œuvre collective. Non seulement parce que chacun des auteurs a répondu, à sa manière, aux mêmes règles du jeu, non seulement parce que chacun des lecteurs-apprenants a donné une dimension dialogique à cette élaboration, mais aussi parce que les rôles complémentaires se sont tant soit peu brouillés : l'écrivain de métier a appris un peu plus de son étrange langue, dite maternelle par cet exercice d'inversion du regard sur son propre texte ; l'apprenant de circonstance a passé au gueuloir de sa propre créativité linguistique et littéraire d'écrivant ce qui n'était alors que manuscrit.

C'est pourquoi il conviendrait que, par-delà les conditions singulières de leur mise en œuvre, les textes ici réunis deviennent, dans les pratiques de lecture auxquels ils donneront lieu, des prétextes à création autant que des objets enfin achevés. Il est toujours bon que celui qui apprend les mots et celui qui a prise sur eux en viennent à ne plus trop savoir qui est qui. Prendre langue autorise ces surprises.

Daniel Coste

Couverture : maquette de Sophie Coulon, dessin de Kolette.
ISBN 2.01.012848.6

Présentation

Michel Barbier

L'entraînement à la lecture reste un point faible de l'enseignement actuel des langues vivantes, quelles que soient les méthodes utilisées. La lecture autonome (ou lecture-plaisir) est fort peu pratiquée - surtout en raison d'un manque criant de textes.

On se trouve devant un dilemme : les textes proposés aux élèves sont de deux natures. Ou bien il s'agit de textes écrits en fonction d'une progression linguistique donnée, éventuellement de textes d'auteurs adaptés ou simplifiés - qui sont utilisés comme point de départ pour toutes sortes d'exercices. Leur fin est scolaire. Ils ne sont pas conçus pour être lus en tant que tels. Ou bien on se trouve devant des textes littéraires écrits par des écrivains français pour un public français ou francophone. Ces textes présentent alors toutes les qualités requises, ils sont destinés à être lus, mais se révèlent la plupart du temps d'un abord difficile.

Pour tenter de sortir de l'alternative définie ci-dessus et encourager le développement de la lecture - plaisir comme activité à part entière en classe de français langue étrangère, le Département de la Formation continue de l'Université d'Uppsala, qui est chargé du perfectionnement des enseignants de langues en Suède, a lancé un projet pédagogico-littéraire plutôt nouveau dans le monde du FLE : susciter la création de ''textes-passerelles'' selon le joli mot de Jacqueline Held.

La première activité de ce projet a été une table-ronde réunissant en Suède des professeurs de français, des chercheurs en linguistique, des spécialistes de didactique du français ainsi que deux écrivains français, Georges Jean et Christian Grenier, invités en Suède par l'Ambassade de France à Stockholm.

Grâce à l'entremise de Christian Grenier, membre-fondateur de la Charte des Auteurs et Illustrateurs, dix écrivains français, membres de cette association, sont contactés et acceptent d'emblée de participer à ce projet. Ils s'enthousiasment. Le projet, qui pour une fois met directement en rapport le producteur et le consommateur, les séduit.

A dessein, nulle contrainte thématique ni formelle ne leur est imposée. Ce qu'on leur demande simplement, c'est d'écrire avec leur expérience de professionnels de la littérature, tout en tenant compte des difficultés de lecture d'apprenants étrangers telles qu'ils se les représentent...

Informés des réactions de leurs lecteurs, les auteurs sont laissés libres d'en tenir compte ou non. Ils décident seuls de modifier leurs textes, d'y apporter des changements, de faciliter telle phrase et de conserver telle autre, d'ôter le ou les mots dont la présence n'est pas tout à fait nécessaire, etc.

Peu à peu on s'achemine vers un manuscrit dont les textes retenus ont élé lus et approuvés par un nombre relativement important de lecteurs. Le projet a trouvé sa forme. Son maître-mot : respect. Respect sur toute la ligne : de la qualité des textes, de la compétence des lecteurs, de celle des écrivains...

La publication de ce petit ouvrage constitue la dernière étape du projet "Textes français et lecture". Les pistes qui l'accompagnent ont été conçues pour encourager et soutenir la lecture de chacun, mais aussi pour stimuler la discussion et l'expression d'opinions personnelles : nombre de ces pistes appellent plusieurs "bonnes" réponses à la fois. Il est donc vivement recommandé de les suivre. Mais lire étant avant tout un acte individuel, il est tout autant recommandé de ne pas les suivre. La lectrice et le lecteur choisiront.

Une bonne coupe

Christian Grenier

- Tes devoirs sont finis ? demande Nathalie au bout du fil. 1
- Oui, affirme René d'une voix forte - car sa mère passe
à l'instant dans le couloir.

Trois secondes plus tard, il rectifie à voix basse :

- Enfin ... Presque. Il me reste deux exercices de math, 5
un résumé de géographie et cette fameuse rédaction.
- Bon, soupire Nathalie. Dis plutôt que tu dois faire tout
le travail pour demain. Et la piscine ? Et le cinéma ? Il est
déjà plus de quatre heures ...
- Si je viens chez toi tout de suite, tu me donnes un petit 10
coup de main ?
- Tu appelles cela un petit coup de main ?
- Cela t'ennuie ?
- Oui. Mais je ne vois pas d'autre solution. Allez, viens,
je t'attends. 15

En raccrochant, René soupire à son tour.

Nathalie est vraiment une fille très chouette. Quinze ans,
brune, mince, de grands yeux verts, et le cœur sur la main.
René a un faible pour elle, et il ne lui est sûrement pas indifférent, puisqu'elle accepte toujours de l'aider dans les cas 20
désespérés.

- Tes devoirs sont finis ? fait Madame Flamant en repas-
sant dans le couloir. Cela tombe bien : tes grands-parents

viennent dîner ce soir et je n'ai plus rien dans le frigo. Sois
25 gentil : prends un billet de deux cents francs dans le tiroir
du buffet et va m'acheter un filet de pommes de terre, cinq
escalopes de veau et deux baguettes ... Ah, choisis aussi un
gâteau chez le boulanger. Ce n'est pas tous les soirs que nous
recevons.
30   - Mais ... j'ai rendez-vous avec Nathalie.
    - Et tu vas avec elle à la piscine, je sais. Fais donc les cour-
ses en revenant. Evidemment, pas question d'aller au cinéma
ce soir : tes grands-parents sont là. Sois de retour à sept heures, pour le dîner.
35   - Mais ce n'est pas possible ... Non, s'il te plaît : pas
aujourd'hui.

    Madame Flamant laisse couler deux secondes de silence -
un très mauvais signe. Puis elle fixe son fils dans les yeux
et reprend sur un ton qui n'admet aucune réplique :
40   - C'est rare, mais je te demande aujourd'hui un sacrifice :
consacrer un quart d'heure à des commissions et une soirée
à la famille. Permets-moi d'en profiter : ce n'est pas tous
les jours que tes devoirs pour le lendemain sont achevés avant
cinq heures.

45   René est consterné. Il sait que toute protestation est super-
flue. A tout hasard, il demande en prenant le billet :
    - Je peux garder la monnaie ?
    - Oh, tes cheveux ! s'écrie brusquement sa mère sans
répondre à sa question. Regarde-moi tes cheveux. Passe aussi
50 chez le coiffeur, sans faute : tu sais que tes grands-parents
ont horreur des cheveux longs.
    - Mais ...
    - Inutile de discuter, René. Et inutile aussi de revenir avec
cette tignasse. Tu te fais faire une bonne coupe. Et tu es là
55 à sept heures. Avec les commissions.

·   Comme René, rouge de colère, se tient sur le seuil de la
porte, le billet à la main, sa mère ajoute doucement :
    - Tu peux garder la monnaie.

A peine entré chez Nathalie, René se laisse tomber dans un fauteuil.

- Tout est fichu : la piscine, le cinéma … tout ! Je dois finir mon boulot pour demain, faire des courses, aller chez le coiffeur, et passer la soirée à la maison. Tu vois, c'est le bouquet. Sors avec quelqu'un d'autre, Nathalie, je ne suis vraiment pas un gars intéressant.

Nathalie hoche tristement la tête.

- Nous allons arranger ça, dit-elle enfin. Mais je te jure que c'est la dernière fois.

René relève la tête.

- Qu'est-ce que tu proposes ? demande-t-il timidement. Nous avons à peine deux heures …

- C'est suffisant pour les devoirs.

- Et les commissions ? Et le coiffeur ?

- Les commissions, tu t'en occupes. Quant au coiffeur … eh bien moi, je peux te couper les cheveux.

- Tu es sûre ?

- Je vais essayer. De toute façon, ta coupe actuelle ne me plaît pas du tout.

René se sent brusquement ému par cet aveu. Il bredouille maladroitement :

- Tu es vraiment une chic fille, Nathalie. J'aimerais te dire …

- Plus tard. Nous n'avons pas de temps à perdre. Installe-toi ici.

René s'assoit sur le tabouret de la cuisine. Il dispose face à lui, sur la table, cahiers et livres, règle et stylo. Derrière lui, Nathalie s'affaire avec des peignes et plusieurs ciseaux, un rasoir et une grande serviette.

- Bien dégagé derrière les oreilles ? demande-t-elle sur un ton très professionnel.

- Surtout pas ! Tu en enlèves le minimum.

René songe que cette visite chez Nathalie lui offre de multiples avantages : une aide bénévole et efficace pour ses devoirs, une coupe sur mesure (les coiffeurs ont si vite fait de tondre un innocent client, trop jeune pour protester) et une économie inespérée sur le billet de deux cents francs …

- Ce sujet de rédaction est vraiment idiot, grommelle-t-il
en relisant son cahier de textes. "Votre première rencontre
avec l'injustice ..." Qu'est-ce que je vais inventer ?

100 ‹   - Rien, murmure Nathalie, résignée. Faisons comme
d'habitude : je te dicte et tu écris. Tu es prêt ? "Ce matin-
là ..."

Nathalie parle et coupe, au gré de sa fantaisie. Parfois,
elle s'interrompt, relève le peigne. Puis, soudain inspirée,
105 elle reprend le fil de l'histoire et taille les cheveux de plus
belle. René, docile, écoute, écrit. De temps à autre, il sursaute, grimace ou proteste quand les ciseaux malmènent un
peu trop durement ses mèches.

La rédaction enfin achevée, Nathalie interroge :
110   - Au fait, que dois-tu acheter pour le dîner ?
- Euh ... De la viande, du pain et un gâteau. Aïe ... Tu
me fais mal. C'est bientôt terminé ?
- Oui, attends : c'est un peu plus court à gauche qu'à
droite. J'égalise ... Et puis il reste des échelles dans le cou.
115 J'en enlève encore un peu ici ...
- On passe aux exercices de math ?
- Vas-y : lis-moi l'énoncé.

A nouveau, Nathalie dicte et coupe. A nouveau, René
écrit, écoute ...

120   Le peigne passe dans les cheveux, le temps passe dans la
cuisine.

Les cheveux tombent sur le carrelage, la nuit tombe
au-dehors.

Tout à coup, René se lève :
125   - Hé ! Il est six heures et demie. Je dois filer. Et cette
coupe ?

Empêtrée dans les cheveux et dans les chiffres, Nathalie
semble sortir d'un rêve. Elle sursaute, immobilise peigne et
ciseaux, déclare enfin d'une voix étrange et mal assurée :
130   - Je crois ... Eh bien ... C'est peut-être un peu court. Dis-
moi ce que tu en penses.
- Peux-tu allumer la lumière ?

Nathalie apporte une glace. Avec la lumière, le drame apparaît dans toute sa splendeur : sur le crâne de René subsistent quelques centimètres de cheveux hérissés en brosse. 135
Deux larges oreilles pointent fièrement sur cette tête qui ressemble à celle d'un soldat trois jours après son incorporation.

René, d'abord, ne se reconnaît pas. Quand il comprend enfin que cet œuf pâle et tondu est son visage reflété dans la glace, il réprime un cri de rage et d'effroi. Puis il aperçoit 140 le regard de Nathalie embué de larmes.

Il ne parvient qu'à murmurer, la gorge serrée :

- C'est en effet ... un peu court.

Nathalie ébauche un sourire - mais René sent qu'elle est prête à éclater en sanglots. Il dompte sa rancune, demande 145 en grimaçant :

- Je suis horrible, n'est-ce pas ?

- René ... tu me plais beaucoup, même ainsi, je t'assure.

Les paroles de Nathalie réchauffent son cœur d'une façon inattendue. Il se regarde une nouvelle fois dans la glace et 150 se trouve déjà moins laid que tout à l'heure.

- Pardonne-moi : je suis vraiment très maladroite.

- C'est peut-être bien moi le plus maladroit des deux. Est-il possible que tu acceptes désormais de sortir avec quelqu'un qui a cette tête-là ? D'aller par exemple demain à la piscine ? 155

- Non seulement à la piscine, affirme Nathalie. Mais aussi au cinéma.

Le cœur battant, René range ses affaires dans son sac. Comme un voleur, il s'échappe dans la nuit naissante ; quelques passants le dévisagent avec une insistance amusée. 160

- Bon sang ! s'exclame-t-il. Les courses ! Que faut-il pour ce soir ? Du pain et un gâteau.

Cependant, René a un doute : n'oublie-t-il pas quelque chose ?

La boulangère le salue comme un étranger - puis elle 165 s'écrie, le considérant comme on découvre dans l'autobus un grand mutilé de guerre :

- Mon Dieu, René, c'est toi ! Eh bien ça ... pour une bonne coupe, c'est une bonne coupe.

- Avez-vous encore deux baguettes ? 170

- A cette heure-ci ? Tu n'y penses pas. Il me reste trois paquets de biscottes.

- Non, merci. Donnez-moi plutôt le gros Paris-Brest.

175 Quand René arrive un peu avant huit heures dans la salle de séjour, tout le monde se lève. Il y a là ses parents et ses grands-parents autour d'une table assez peu garnie. Chacun considère le nouveau venu avec stupéfaction : le directeur du collège surgissant dans une classe pour le renvoi d'un élève obtient d'ordinaire le même silence respectueux.

180 - Eh bien voilà ! déclare avec aplomb René en posant le gâteau sur la table.

On surveille chacun de ses gestes. Tous les regards convergent plus précisément vers un point situé juste au-dessus de son front.

185 - Une bonne coupe, pas vrai ? lance René d'un air provocateur.

Au bout d'un moment assez long, Madame Flament se décide à demander timidement :

- Et ... les escalopes de veau ? Les pommes de terre ? Le
190 pain ?

- Avec six personnes devant moi chez le coiffeur, impossible de trouver en sortant le moindre magasin ouvert !

Miracle : personne ne proteste. La nouvelle coupe de René paraît imposer le respect.

195 - Bah, déclare alors Monsieur Flamant qui se rassoit soudain. Nous avons bien une ou deux boîtes de thon ou de sardine en réserve, non ? Ce soir, c'est à la fortune du pot, pas vrai ?

200 L'ambiance ne se détend réellement que lorsque le dessert arrive.

La mère de René découpe le Paris-Brest. Au moment où elle se penche vers le crâne dégarni de son fils, elle manque pouffer de rire et lui glisse à l'oreille :

- Bravo pour ton effet. Mais la prochaine fois ... va chez
205 un autre coiffeur.

- Alors ça, dit René le plus sérieusement du monde, il n'en est pas question.

Aminata et Aïri

Andrée Clair

En pays touareg, au Niger 1

Aminata est très belle.

Elle est mariée à Aïri, l'homme qu'elle aime et qui l'aime.

Mariamma est très belle aussi.

Elle est mariée mais son mari ne l'intéresse plus. Elle veut 5
Aïri, le mari d'Aminata.

Elle dit à Aminata :

- Je te prendrai ton mari.

Mariamma divorce.

Dans les temps voulus, comme c'est la coutume, elle donne 10
une fête.

Mariamma est très belle.

De partout, de très loin, accourent des soupirants.

Chacun tue un taureau.

Chacun improvise un poème pour elle. 15

Mariamma écoute.

Et quand chacun croit pouvoir se retirer, elle dit :

- Non, vous ne partez pas. Vous ne partirez pas tant
qu'Aïri ne sera pas venu.

Et Mariamma, la très belle, envoie un messager vers 20
l'homme qu'elle aime.

Aïri sait que tous les autres ne pourront pas partir tant
qu'il ne sera pas venu.

Telle est la coutume.

25   Il demande à sa femme l'autorisation de se rendre à la fête.
      Aminata se souvient de la menace de Mariamma.
      Elle refuse.
      Le lendemain, Aïri demande encore.
      Aminata refuse.
30   Le surlendemain, sans rien demander, Aïri va chercher
      un taureau et part à la fête.
      Les femmes touarègues sont aussi fières que belles.
      Aminata est très belle.
      Aminata est très fière.
35   Quand elle apprend le départ de son mari, elle quitte sa
      tente pour n'y plus revenir.
      Aïri arrive à la fête.
      Un éclair d'orgueil fait briller davantage les yeux de
      Mariamma.
40   Aïri tue le taureau et dit un poème à la louange de
      Mariamma et de sa beauté.
      Mariamma l'écoute avec une joie orgueilleuse.
      Mais Aïri, après un court instant, dit un autre poème.
      A la louange de sa femme.
45   Et le second poème est encore plus beau que le premier.
      Quand Aminata, la fière Aminata, l'apprend, une dou-
      ceur glisse en son cœur et en chasse la noire douleur.
      Et Aminata la très belle, la très aimée, revient vers la tente
      de son mari.
50   Aïri est là qui l'attend.

Un oiseau allemand

Michèle Kahn

A cette époque, nous habitions en Allemagne.   1

Dans la chambre à coucher, il y avait un placard. Dans le placard, un tiroir. Dans le tiroir, une vieille boîte à bonbons. Et dans la boîte, de grosses pièces de monnaie.

Quand la boîte était pleine, nous pouvions partir en week-   5
end. Cette fois-là, je proposai à Pierre, mon mari, d'aller en Forêt-Noire car j'avais entendu à la radio que, le samedi soir à onze heures, il y aurait une éclipse de lune au-dessus du Feldberg.

Nous voici partis. Connaissez-vous la Forêt-Noire ? Ses   10
routes sinueuses qui traversent de grands massifs de sapins vert sombre ? Ses villages coquets, fleuris de géraniums ?... Dans l'un d'eux, nous découvrons le charmant hôtel où nous devons passer la nuit. Il est six heures de l'après-midi.

La chambre est "gemütlich", comme disent les Allemands.   15
C'est un mot impossible à traduire en français. Un endroit "gemütlich" est joli, confortable, et l'on s'y sent aussi bien que chez soi, sinon mieux.

Tandis que le réceptionniste ferme la fenêtre grande ouverte, j'observe avec bonheur les bons gros fauteuils, les   20
meubles brillants, le tapis épais, le bouquet de fleurs des champs. Il y a aussi deux lits jumeaux, la même lampe au-dessus de chacun... Non, pas tout à fait la même ! L'une d'elles est ornée d'un tout petit, petit oiseau.

- Moi, je veux dormir sous l'oiseau ! dis-je au   25
réceptionniste.

- Oui, oui, bien sûr ! s'exclame-t-il avec un sourire poli.
Et il nous quitte, l'air de penser que les femmes sont des
êtres bizarres.

30   La température de la chambre est plutôt fraîche : la fenêtre a dû rester longtemps ouverte. Nous sortons visiter le village. Du pont de bois, nous observons des canards au col
vert dans un petit lac. Qu'ils sont drôles, entraînant leurs
canetons avec des "coin-coin" vigoureux !

35   Je pense à l'oiseau. D'abord j'ai cru qu'il était artificiel.
Mais de fausses plumes auraient été plus colorées... Alors,
un oiseau empaillé ? Dans ce pays de chasseurs, ils ont la
spécialité de bourrer les animaux de paille pour leur garder
l'air vivant... Je fais la grimace.

40   De retour dans la chambre, je lui jette un regard fâché.
Si j'osais, je demanderais à Pierre de me donner son lit !
Nous changeons de vêtements pour le dîner. C'est l'usage
ici. Mais quand la serveuse renversera le saladier sur ma robe
de soie, je regretterai d'avoir ôté mon vieux jean.

45   Il est plus de dix heures du soir lorsque nous repassons
dans la chambre pour prendre les manteaux. La vue de
l'oiseau (ou est-ce le trop gros morceau de gâteau au chocolat ? Ou les deux ?) me donne une brusque envie de vomir.
J'oublie tout cela sur la route du Feldberg en imaginant
50 d'avance le ciel bleu marine, quelques nuages argentés et puis
la Lune d'or qui, soudain, disparaîtra sous l'ombre de la
Terre. Ce sera splendide.

Nous redescendons à onze heures et demie, bleus de froid
et déçus. Nous n'avons rien vu du tout. Un nuage épais a
55 tout caché... Reste la joie de retrouver notre chambre si
"gemütlich" !

J'essaie d'oublier l'oiseau. Pas simple ! En me déshabil-
lant, je ne peux m'empêcher de lui jeter un regard sombre.
Et voici qu'une lueur (mauvaise ?) allume son petit oeil
60 rond... Puis les plumes se soulèvent !

Pour me rassurer moi-même, je crie à Pierre qui, comme
un hareng, marine jusqu'au nez dans son bain :

- C'est du grand art, cet oiseau ! Imagine-toi que les plumes se soulèvent dès qu'il y a un peu d'air.

65   Silence.

- Pierre, tu m'entends ?
- Oui. Mais il ne peut pas y avoir d'air. Toutes les fenêtres sont fermées.

Je sens mes jambes ramollir comme du coton. "Ne sois
pas stupide", me dis-je. Je m'avance, courageuse, en agi- 70
tant ma main comme un drapeau. Les ailes se soulèvent, deux
fois. Le petit oiseau saute, effrayé. Une terreur égale à la
mienne passe dans son regard.

- Pierre ! Il est vivant...
- Qui ?   75
- L'oiseau !
- Tu as trop bu, me répond-on poliment du fond de la
baignoire.

Vexée, je le force à sortir du "sauna" où il se tenait bien
au chaud dans la vapeur. Enfin, enroulé dans sa serviette   80
de bain comme un empereur romain, Pierre est obligé de
me donner raison : l'oiseau est vivant. Incroyable ! Il est
resté immobile, perché sur la lampe, pendant au moins quatre
heures.

Nous ouvrons grand la fenêtre, malgré le froid, mais il   85
refuse de bouger, même quand Pierre tape des mains sous
son bec.

- Tant pis, dit-il, lassé.

Je gémis : groan, almost cry.

- Mais je ne vais tout de même pas dormir là-dessous !   90

Nous recommençons à taper des mains, à faire des *psst,
pfff, ch...ch...ch...* Après des minutes d'efforts, l'oiseau
s'envole enfin. En face, la fenêtre l'attend, grande ouverte.
Ensuite, à lui la liberté...

Et voici que cet imbécile va heurter le mur, tombe sur notre 95
plus belle valise où il laisse sa carte de visite et se perche enfin
sur l'armoire. Tout est à recommencer mais, cette fois, rien
ne sert. Ni les *psst,* ni les *pfff,* ni les *ch..,* ni quoi que ce soit.

- Il faut aller chercher quelqu'un, dis-je. Tu ne crois tout
de même pas que je vais pouvoir dormir avec *ça* dans la 100
chambre ! Qui sait ce qui pourrait arriver ?
- A minuit et demie ! s'exclame Pierre. C'est de la folie !

Mais, décidée, je sors dans le couloir. Il fait tout noir.
Impossible d'allumer la lumière : on a dû couper l'éclairage

105 pour la nuit. J'avance prudemment un pied après l'autre,
frôlant du doigt le mur et les portes des chambres. Si
quelqu'un me surprenait ! Il me semble que je n'atteindrai
jamais l'escalier. Enfin j'y suis, et entends des bruits de voix
au rez-de-chaussée. Je suis sauvée.

110 - Il y a un oiseau dans ma chambre, dis-je, en allemand,
au portier.

Mon apparition le laisse muet. Il me regarde avec des yeux
grands comme des soucoupes. Pourquoi tant d'étonnement ?

Je ne devais le comprendre qu'un peu plus tard, en me
115 voyant dans une glace, nu-pieds, avec ma robe à moitié
déboutonnée et tachée par la sauce de salade. De plus, en
allemand, quand on dit que quelqu'un a un ''oiseau'' (géné-
ralement en se tapant le front du bout des doigts), cela signifie qu'on doute de sa santé mentale.

120 J'avais donc l'air de lui expliquer que j'étais au moins à
moitié folle, ce qui lui paraissait évident.

J'insiste cependant :

- Il y a un oiseau dans ma chambre.

- Oui, oui, bien sûr, dit-il avec un air de fine ironie, sans
125 cesser pour autant de fouiller dans un tiroir.

Je suis prise d'un vertige. Ne suis-je pas en train de devenir *vraiment* folle ?

Pour convaincre le portier, je ne vois qu'un seul moyen :
utiliser des termes scientifiques. Je sais que l'oiseau est un
130 *moineau*. En allemand, moineau se dit : *Spatz*, j'en suis sûre.
Il suffira de le dire à l'homme gras qui, à présent, rit bête-
ment. Mais ma langue ne m'obéit pas, et je m'entends
déclarer :

- Es ist ein Spass !

135 Ce qui signifie : c'est une… plaisanterie !

- Ha ! ha ! ha ! fait l'homme, secoué de rire, en me regardant d'un air supérieur. C'est bien ce que je pensais.

Je suis désespérée.

S'approche alors un barman qui, jusqu'ici, avait observé
140 la scène en silence.

- On peut toujours aller voir, dit-il avec un air gai.

Il me suit le long du couloir noir, jusqu'au bout, car notre
chambre est la dernière, et il cache mal sa surprise en décou-

vrant mon mari enroulé dans sa serviette de bain. L'oisillon
n'a pas bougé de l'armoire.

Le barman grimpe sur la table et le chasse. Mais l'oiseau
de malheur s'enfuit dans la mauvaise direction, par la porte
restée ouverte, et tombe dans le couloir.

Cette fois, il ne bouge plus. On ne peut tout de même pas
l'abandonner. Si quelqu'un, dans le noir, marchait dessus !

Le barman va chercher une pelle et repart avec la petite
boule de plumes. Nous nous couchons enfin, mais passons
une mauvaise nuit.

Le lendemain matin, je retrouve le barman.

- Alors ?

- Je l'ai mis dehors et il s'est envolé ce matin. Il avait dû
tomber du nid, se réfugier dans la chambre, et le froid l'avait
engourdi.

Voyant que l'homme s'y connaît, j'interroge :

- Quel genre d'oiseau était-ce ?

- *Spatz*, répond-il.

Un moineau, c'est bien ce que je pensais. Je n'étais donc
pas si folle que ça ! A mon tour de sourire avec une fine
ironie lorsque je vois, à quelques mètres, le barman conter
l'aventure au portier.

L'Homme - venu - d'ailleurs

Jacques Charpentreau

1   - Du bois ! a commandé ma mère.

     Avec mes deux frères et mes trois sœurs, je me faufile tout
de suite vers la sortie de la grotte. Après l'obscurité, le grand
jour fait mal aux yeux ; il faut un moment d'arrêt pour
5 s'accoutumer à la lumière.
     C'est le matin. Les autres sortent aussi de leur grotte. Des
femmes, beaucoup d'enfants, presque pas d'hommes : les
pères sont partis, voilà trois jours, vers la grande vallée. Un
homme, le guetteur a signalé l'arrivée d'un troupeau de
10 bisons. Ce sont des animaux dangereux, mais ils en valent
la peine. J'attends avec impatience le moment où j'irai à la
chasse, quand je serai l'un des hommes.
     Je me dirige vers la forêt, avec d'autres enfants. Il faut
du bois pour le foyer. Si on laisse mourir le feu, c'est une
15 faute grave et on risque la mort.
     Dès les premiers arbres, je commence à ramasser du bois.
Les autres font comme moi. Nous nous dépêchons. Je veille
à ce que mes frères et sœurs travaillent correctement. Je suis
le plus vieux. C'est une responsabilité. Les plus jeunes ont
20 besoin d'être surveillés.

Mais je vois un groupe d'enfants un peu plus loin. Ils sont une vingtaine, assis en rond, ils ne travaillent pas. Ils écoutent. Je sais qui. Et je ne résiste pas. J'abandonne le ramassage du bois. Moi aussi, je vais m'asseoir avec eux et je vais écouter l'homme-venu-d'ailleurs. Je laisse mes frères et sœurs venir avec moi. Il faut être juste quand on a une responsabilité.

Il est là, au milieu du cercle des enfants de la tribu. Il est curieusement vêtu. Nous, nous avons des morceaux de peaux de bêtes quand il fait froid, de l'herbe tressée quand il fait moins froid et rien du tout quand il fait chaud. Lui, il est toujours recouvert en haut comme en bas de peaux très souples d'une espèce inconnue ; mais elles ne sont pas très résistantes et elles commencent à se déchirer. On voit même ses pieds dans la déchirure de la peau qui les protège.

Il fait beaucoup de gestes, et parfois il trace des lignes sur la terre, car il ne possède pas tous les mots. Au début, même, il n'en connaissait aucun. Il poussait de drôles de cris, que personne ne comprenait. Il chantait comme un oiseau. Il est arrivé un après-midi, tout souriant, et les hommes de chez nous se sont demandé s'il fallait le tuer avec mon cousin qui avait justement laissé éteindre le feu. Mais quand le froid s'est fait sentir au moment de la nuit sans soleil, l'homme-venu-d'ailleurs a sorti de son vêtement une curieuse pierre qui a fait du feu et il a rallumé le foyer. Alors, les guerriers ont décidé de le garder. On lui a trouvé un recoin dans une grotte.

Peu à peu, il a appris nos mots. Nous, les enfants, nous l'avons aidé. C'était comme un jeu. Notre vieux chef dit même que l'homme-venu-d'ailleurs est intelligent. Peut-être. Il y a beaucoup de choses qu'il ne sait pas faire : un javelot, un arc, un piège, une hache. Mais il a la pierre à feu.

Et il invente des histoires merveilleuses qui me plaisent bien : des hommes qui volent comme les oiseaux, qui vont plus vite que les flèches, qui sont plus forts que les bisons, qui domptent le feu et l'eau comme nous domptons les

chiens-loups, qui creusent des chemins sous la terre et même
sous la mer...

60   On ne comprend pas toujours ce qu'il dit, parce qu'il ne
connaît pas encore tous nos mots, alors il lui faut parfois
en inventer qui n'ont pas de sens, il dit n'importe quoi, mais
je trouve qu'il se débrouille bien pour un étranger - et il sait
raconter mieux que personne.

        Alors, je ne résiste pas, je m'assois avec les autres, et
65   j'écoute.

        - Il y a des matins comme celui-là, où je ne regrette pas
d'être avec vous. Il fait si beau, le vent est si doux, l'air est
si pur ... Ah ! Aucune comparaison avec l'air pollué de mon
pays !

70   - Qu'est-ce que c'est que l'air comme tu as dit, demande
un garçon effronté.

        - C'est comme si tu respirais la fumée d'un feu mal fait
dans une caverne sans trou.

        - Ah ! Bon !

75   Il s'arrête, nous regarde en souriant. Il a des cheveux
blonds, des yeux bleus, comme nous, il est grand, il a juste
l'âge de ne plus être un enfant. Il va falloir qu'il aille avec
les hommes à la prochaine chasse. Sans cela, il n'aura pas
à manger, même avec sa pierre magique.

80   - Qu'est-ce que c'est, ton pays ?

        - Pourquoi es-tu là ?

        - Comment as-tu fait pour venir ?

        - Raconte les hommes qui volent !

        - Et ceux qui vont sous l'eau !

85   - Explique le feu prisonnier dans la pierre !

        Il rit un moment. Puis il s'appuie sur un coude, il casse
une herbe, il la met dans sa bouche, il nous regarde tous un
par un. Il sourit encore. Ses yeux deviennent vagues comme
ceux de notre médecin, le sorcier, quand il regarde en lui.
90   On sait qu'il va raconter une histoire.

        - Dans mon pays, il y a une machine passionnante...

        - Qu'est-ce que c'est une machine ? demande un de mes
frères.

Alors j'interviens, parce que cet imbécile va tout gâcher :
- Tais-toi. Ne pose pas de questions stupides. Il expliquera. 95
L'homme soupire.
- Une machine… C'est comme ma pierre à feu. Quelque chose qui fait le travail à ta place.
Un long murmure d'admiration court dans le cercle des ramasseurs de bois. 100
- Donc, reprend l'homme-venu-d'ailleurs, il y a une machine qui permet de voir ce qui se passe au loin.
- Mais tu as tes yeux ?
- Oui, mais quand c'est trop loin, tes yeux ne voient pas.
- Ecoute, dit un grand frisé qui veut toujours être plus 105
malin que tout le monde, moi, je vois le corbeau là-bas au sommet du grand arbre. Et c'est très loin. Tu ne le vois pas ?
- Je vois une tache noire. Mais avec la machine dont je te parle, on peut voir bien plus loin. Tu sais que les hommes sont à la chasse à trois jours de marche d'ici. Eh bien, 110
ma machine, si je l'avais avec moi, elle permettrait de les voir derrière les collines, dans la grande vallée.
Il y a un sourire sceptique sur chaque bouche.
- De les voir ?
- Oui, et de les entendre. Je vous l'ai dit, c'est une machine 115
merveilleuse qu'on appelle la télévision.
Encore un mot qu'il a dû inventer. Il doit ignorer notre mot à nous. Mais lequel ? Je me le demande bien. Moi non plus, je ne connais pas tous les mots.
- La télévision ? 120
- Oui. Et c'est à cause de cette machine que je suis avec vous.
Evidemment, nous le regardons tous avec intérêt et nous attendons la suite.
- Je vais essayer de vous expliquer ce qui s'est passé. Dans 125
mon pays, grâce à la télévision, chacun peut voir dans son appartement - dans sa grotte si vous voulez - tout ce qui se passe ailleurs. Quand j'étais encore un enfant, la machine n'était pas très grande non plus. Comme ça, à peu près.
Il ouvre ses bras dans tous les sens. 130
- Alors, les hommes qui étaient à la chasse, ils arrivaient tout petits dans ta grotte ?

- Evidemment, et c'était gênant.

- Cela leur faisait mal ?

135   - Pas vraiment, parce qu'ils ne sentaient rien. Mais ceux
qui les apercevaient sur leur machine, ne les voyaient pas
bien. Alors peu à peu, on a fait des machines plus grandes.
Comme ça. Puis comme ça.

Il agite les bras un moment dans tous les sens.

140   - Et un beau jour, on a fait des machines si grandes,
qu'elles pouvaient montrer les hommes avec leur vraie taille.

- Et les bisons ?

- Et les bisons, et les arbres, et toute la forêt, et les collines, et le lac... Toute la vérité vraie, quoi, sur un mur de
145   mon appartement. Un peu comme si le bison qui est peint
dans la grotte du sorcier se mettait à bouger.

- Mais on dit qu'il bouge la grande nuit d'hiver...

- Ah ? On le dit ?

Il y a un silence solennel et une inquiétude générale. Car
150   il y a des choses dont on ne doit jamais parler. Alors, il
continue :

- Non seulement, je voyais tout, grâce à ma machine, mais
j'entendais tout : les bruits, les cris, les paroles, les appels...

- Même les bisons quand ils chargent ?

155   - Bien sûr.

- Même le feu du ciel quand il tombe ?

- Evidemment.

- Dis, tu n'as pas apporté une machine comme cela avec
toi ?

160   - A vrai dire, je n'y ai pas pensé. C'est une machine lourde
et compliquée car on a ajouté peu à peu tout ce qui lui man-
quait. Tiens, par exemple, il a fallu beaucoup de temps pour
avoir les couleurs vraiment comme elles sont.

Il étend la main, il cueille une fleur. Il la regarde. Elle est
165   rouge autour et elle est jaune au milieu. Il la porte à son nez.

- Et les odeurs ! Ce fut un progrès considérable quand la
télévision réussit aussi à nous transmettre les odeurs. Vous
savez bien que la forêt ne sent pas comme la vallée. Vous
savez bien que le lac a une odeur. Quant à la grotte...

Il frise le nez pour montrer que l'odeur de la grotte ne   170
lui plaît pas. Puis il reprend son histoire.

- Ainsi, chacun a pu recevoir dans son appartement les
images, les sons, les couleurs, les odeurs, toutes les sensa-
tions d'une scène vivante réelle. Quand on nous montrait
le Pôle, nous avions froid. Et il fallait nous couvrir. Quand   175
on nous montrait le Sahara, nous avions chaud. Et il fallait
nous rafraîchir.

- Qu'est-ce que le Pôle ? Le Sahara ?

Il arrête d'un geste nos questions. Il faut bien admettre
qu'on ne comprend jamais tout dans une histoire. Il   180
continue :

- Mais le plus formidable progrès, ce furent les images en
relief. On était assis devant le mur de son appartement-grotte
et on voyait les arbres sortir de l'écran, le feuillage s'agiter
dans le vent, les gens passer juste devant, l'horizon très loin   185
à des heures de marche, un point noir minuscule grandis-
sait, et c'était, tenez, par exemple, un troupeau de bisons,
on les voyait tous, puis on les distinguait un par un. Avec
un zoom, on pouvait isoler un bison, regarder son cou bossu,
voir ses poils frisés, ses yeux brillants...   190

Il y a de plus en plus de mots qu'il ne sait pas dire et il
en invente d'autres qui n'ont pas de sens. Mais nous sen-
tons bien que ce n'est pas le moment de l'interrompre.

- On voit les animaux sauter dans son salon. On a l'impression totale de la réalité. On croit que les personnages vont   195
venir s'asseoir à côté, dans un fauteuil, et on se prépare à
leur offrir à boire... Un après-midi, il y avait un programme
passionnant sur la vie des hommes préhistoriques... C'est-
à-dire, des hommes avant l'histoire... C'est-à-dire... Oh !
Peu importe !   200

Grâce à un procédé tout à fait moderne de reconstitution
de personnages par un ordinateur et d'incrustation sur pellicule, on avait simulé toutes les activités d'un groupe d'hommes à l'époque du paléolithique supérieur.

J'ai toujours été passionné par la préhistoire. Vous pen-   205
sez bien que je suivais avec attention ce programme remar-

quable auquel avaient collaboré de grands savants. Vous étiez
là, les enfants, à ramasser du bois, à entretenir le foyer. Les
hommes se préparaient pour la chasse, les femmes s'occu-
210 paient, comme partout, à faire vivre cette humanité, on
voyait les plus habiles qui fabriquaient des vêtements, qui
tissaient des filets, qui polissaient des haches... C'était hal-
lucinant de vérité : des cris, une odeur de chair, de feu, de
crasse, une nature sauvage immaculée, une impression de
215 liberté totale...

Alors moi, dans le béton de ma grotte - appartement, je
me sentais de plus en plus oppressé : les fenêtres fermées à
cause du bruit et de la pollution, un climatiseur en panne,
des factures à régler, des impôts à payer, une moto au garage
220 avec les deux pneus crevés, des amendes qui s'accumulaient,
un téléphone qui n'arrêtait pas de sonner, un compte en banque négatif, un travail de plus en plus monotone, un gouvernement incapable...

Je n'y tins plus.

225 Je me suis levé de mon fauteuil, et je suis entré dans la
forêt avec vous. Et me voici.

A ce moment, trois ou quatre mères arrivent en criant et
elles commencent à distribuer des claques. Nous bondissons
vers le bois et nous ramassons des branches à toute vitesse.
230 L'homme-venu-d'ailleurs se lève. Il s'approche de moi,
il m'aide à ramasser du bois. Il revient avec moi vers la grotte,
les bras chargés de branchages.

- Peut-être un jour repartirai-je, dit-il.

Il dépose son bois. Il s'approche du foyer qui semble avoir
235 du mal à reprendre vigueur. Il sort sa pierre magique. Il la
frotte. Rien ne se produit. Il recommence. Rien. Il soupire.

- Mais je me demande si je retrouverai mon chemin.

La Main sur l'épaule

Michel Louis

Comme tous les matins je suis assis à ma place dans ce
train de banlieue. Je sais que j'ai une longue journée de travail devant moi, et une petite heure de train pour arriver en
ville. Je suis fatigué.

Fatigué comme tous les matins - et même un peu plus car
ce matin je me suis réveillé en retard, j'ai eu juste le temps
de me raser, de m'habiller mais pas de mettre ma cravate
(qui est toujours dans la poche droite de ma veste - je me
connais) et je suis parti sans café. Bon, ça, ça arrive souvent. Puis j'ai couru jusqu'à la gare. J'ai eu juste le temps
de monter dans le train. Me voilà à ma place, sans journal
(je n'ai pas eu le temps de l'acheter). Tant mieux : je peux
somnoler. Non, je ne dors pas car je ne veux pas manquer
l'arrêt. C'est le terminus, d'accord, mais le train repart sans
attendre dans l'autre sens. Si je dors, je repars avec lui. Et
ça, il ne faut pas, sinon j'arrive en retard au bureau, et que
dira l'ordinateur alors ?

J'ai les yeux fermés, je somnole. On arrive en ville maintenant. Je le sens plus que je ne le vois, je le devine plus que
je ne le sais. Je sens que les voyageurs ferment leur manteau, prennent leurs serviettes, se massent vers les portes du
train, prêts à sauter sur le quai et à partir en courant.

Les portes s'ouvrent. Pan ! Ils sont partis. Moi je les suis
tout doucement. Je mets un pied devant l'autre, ça va : je
marche. Je n'arriverai pas en avance au bureau, c'est sûr,

mais d'après mes calculs je n'arriverai pas non plus en retard.
L'ordinateur ne sera pas content mais il ne dira rien à mon
chef. Que voulez-vous de plus ?

Je sors de la gare par l'escalier mécanique, loin derrière
30 mes compagnons de voyage. J'achète le journal, je l'ouvre
en marchant. Un grand titre : *"Cloclo a coupé sa barbe"*,
intéressant, intéressant. Des gens arrivent derrière moi, me
dépassent, ils marchent vite. Cette foule !
Voici le premier feu. Rouge. Nous nous arrêtons, les autres
35 et moi. Vert. Nous passons. Tiens, tiens, *"les Parisiens
dépensent cinq milliards par an pour connaître leur avenir"*,
c'est beaucoup, cinq milliards ! Ca y est : nous avons tra-
versé, nous sommes de l'autre côté, sur le trottoir. Nous mar-
chons. On me dépasse. Tout autour de moi les gens se met-
40 tent à courir : le deuxième feu approche. Je continue à marcher. Quand j'arrive, le feu est rouge. Tant pis. J'attends,
je ne suis pas seul, beaucoup d'autres piétons attendent avec
moi. Vert. Nous traversons. Moi bien tranquille, eux en courant. C'est que le prochain feu est vert. Quand j'arrive au
45 croisement, le feu est passé au rouge et je dois encore m'arrêter. Ça ne fait rien, j'ai appris des tas de choses en lisant
mon journal. Par exemple : on parle de peindre la Tour Eif-
fel en jaune (c'est joli, le jaune), la fatigue est "la maladie
du siècle" (ça, c'est bien vrai), etc. Et puis j'ai calculé que
50 j'ai juste le temps quand même. J'ai l'habitude. Je ne serai
pas en retard au bureau. Alors pourquoi courir ?

Entre le troisième feu et le quatrième, le trottoir est un
peu plus long. J'ai le temps de lire toute la première page.
Quand j'arrive au quatrième croisement, inutile de lever les
55 yeux, le feu est rouge, il faut attendre. Je continue à lire.
Le feu passe au vert. Je vais traverser quand tout à coup...
je sens une main qui me retient - une main lourde sur mon
épaule.

- Hep, vous, là !
60 Je sursaute, pris de panique.
- Hein, quoi, qu'est-ce que c'est, qu'est-ce qu'il y a ?

Je me retourne. Et je me trouve nez à nez avec un policier en uniforme. Il est beaucoup plus jeune et beaucoup plus
grand que moi, on dirait un homme d'acier. Je réfléchis à
toute vitesse : "Qu'est-ce que j'ai fait de mal ?" Je ne trouve 65
rien. Alors ?

- Alors on va où comme ça ?

- Au bureau, bien sûr, travailler. Mais... mais si vous me
retenez, je vais arriver en retard.

- Dites-donc, vous, savez-vous à qui vous parlez ? 70
Montrez-moi donc vos papiers !

- Mes papiers ?

- Oui, votre permis.

- Permis, permis... quel permis ?
Je suis ahuri. 75

- Oui, dit-il de plus en plus soupçonneux, votre permis A.

Là, je ne réponds rien, je reste sans mot : je n'ai pas de
permis A, je n'ai même pas le permis de conduire. Et puis
d'abord, qu'est-ce que c'est, le permis A ?

- Le permis A ou bien si vous préférez, reprend le poli- 80
cier, le permis de marcher, le permis de piéton, quoi !

- Moi... moi le permis, le permis... de... marcher...

Il me regarde, ses yeux d'acier deviennent de plus en plus
petits. Où suis-je, où sommes-nous ? J'ai froid, j'ai chaud,
j'ouvre la bouche mais je ne peux pas parler. 85

- Le... le... permis de piéton... Je marche, je sais marcher. Mais je n'ai pas... je n'ai... jamais... eu de... de...

C'est alors que je me suis réveillé, tout mouillé de sueur.
Je n'avais pas entendu sonner le réveil. J'ai eu tout juste
le temps de me raser, de m'habiller. Je suis parti en courant 90
sans café et sans cravate, je suis monté dans le train de 6h
56. Je me suis assis à ma place habituelle dans la dernière
voiture, j'ai somnolé, je n'ai pas osé dormir pendant tout
le voyage. Je suis descendu du train, mal réveillé. Je me sentais mal à l'aise... c'était ce rêve. J'ai passé le premier croi- 95
sement, le deuxième, le troisième. Au quatrième feu j'ai compris que j'attendais cette main lourde sur mon épaule. Mais
je n'ai rien senti. Ouf. Je suis reparti. Léger, sauvé. Libre.

Pour un jour seulement car le lendemain j'ai été de nou-
100 veau mal à l'aise en arrivant au quatrième feu... Et le lendemain aussi... Et les jours suivants.

Maintenant je l'attends chaque matin. La main ne vient
pas. Et chaque matin je pense : "Un jour de plus, un jour
de gagné". Mais je sais. Je sais qu'un jour la main - sur mon
105 épaule, sur ton épaule, sur votre épaule - la main lourde *peut*
venir.

L'Œuf

Christian Grenier

Un éclair illumine soudain la campagne déserte.   1
- L'orage !
Sylvain et Sophie s'arrêtent, tendent l'oreille, inquiets. Un
grondement naît dans le lointain, se répercute en écho sur
les collines et meurt.   5
- C'est bizarre, dit Sophie. Le ciel est bleu, il n'y a pas
un seul nuage.
- On continue ? demande Sylvain.

Quand ils ont quitté le village, une heure auparavant, le
temps était au beau fixe. Et maintenant encore, le soleil brille   10
aussi fort. Les grillons continuent leur chanson de chaque
côté du chemin et là-bas, un peu avant le bois, paisiblement
des vaches vont et viennent dans l'herbe haute.
- On continue, décide Sophie. Il ne pleuvra pas.
Les parents de Sophie sont agriculteurs. Si un orage avait   15
menacé, ils n'auraient pas commencé la moisson ce matin.
D'ailleurs, la météo a annoncé que la journée serait belle
partout en France aujourd'hui.

Sylvain, qui est Parisien, paraît moins sûr de lui.
- Nous pouvons nous arrêter et goûter, propose-t-il.   20
- Déjà fatigué ? Un peu de courage ! On aperçoit le clo-
cher du village voisin. Nous y serons dans moins d'un quart
d'heure. Veux-tu me donner le sac avec les sandwiches ?
- Mais non, ce n'est pas lourd. Bon, allons-y.

25　Ils se remettent en marche, mais s'arrêtent trois cents
mètres plus loin.

- Ça alors, fait Sylvain... Regarde, au milieu du chemin :
un œuf.

C'est une découverte inattendue, même pour Sophie.

30　- On peut le prendre, pas vrai ? demande Sylvain. Jamais
les fermiers ne viendront le chercher ici. C'est un œuf de
poule, non ?

Sophie approuve et sourit.

- Tu crois qu'il est frais ?

35　- Bien sûr ! affirme Sophie : une poule égarée a dû le pon-
dre ici. Mais il y a quand même quelque chose d'étrange :
qu'est-ce qu'elle venait faire ici ? Et pourquoi a-t-elle laissé
cet œuf en plein milieu du chemin ?

- Il est resté au soleil, il devrait être chaud. Et je le sens
40　glacé dans ma main... Bon sang... que se passe-t-il ?

Sylvain a l'impression que son bras droit devient tout
froid, que l'énergie de son corps est peu à peu aspirée par
cet œuf étrange.

Il voudrait parler, crier, dire quelque chose - impossible.
45　Tout à coup, il s'aperçoit que le paysage, devant lui, disparaît dans un brouillard neigeux.

Sophie pousse un cri : face à elle, Sylvain se transforme
en un fantôme qui s'éloigne et devient transparent.

Sylvain marche... Il ferme à moitié les yeux à cause du
50　soleil trop violent...

Mais non, ce n'est pas le soleil ! C'est l'éclat artificiel d'une
énorme lampe de bureau !

- Eh bien X.P. 637, quoi de neuf ?

Cette question, Sylvain ne l'a pas entendue avec ses oreil-
55　les, il la comprend avec son cerveau.

Que se passe-t-il ? D'où vient cette voix...? Qui lui
parle...?

- Qui êtes-vous ? entend-il à nouveau dans sa tête.

Il heurte un meuble métallique et sort tout à fait de son engourdissement. 60

- QUI ÊTES-VOUS ?

Sylvain n'en croit pas ses yeux : il se trouve devant un bureau au milieu d'une pièce ronde fortement éclairée. Et assis derrière ce bureau se trouve un homme qui... Non, ce n'est pas un homme. 65

- Je rêve ! murmure-t-il. Je marchais tranquillement sur un chemin il y a une minute et maintenant...

- QUE FAITES-VOUS ICI ?

L'inconnu se lève. Il a la taille d'un homme, mais son visage est un globe blanchâtre avec deux perles ovales à la 70 place des yeux, deux trous minuscules qui ont l'air d'être des oreilles et un trait qui est peut-être sa bouche.

- Je... eh bien voilà... bredouille Sylvain.

- Ne parlez pas, recommande la créature sans bouger les lèvres. Je ne comprends pas votre langue. Pensez. Que faites- 75 vous ici ?

- J'aimerais le savoir ! Je faisais une promenade lorsque j'ai découvert un œuf. Je l'ai pris et...

- Je comprends tout maintenant.

Les lèvres de l'être étrange esquissent un sourire. 80

- Asseyez-vous. Posez l'œuf ici, dans cet appareil, sur le bureau. C'est ça, merci. Voyez-vous, ce n'est pas œuf. C'est le transmetteur individuel de X.P. 637.

- X.P. 637 ?

- Oui, X.P. 637 est notre envoyé sur terre. Il était en mis- 85 sion, comprenez-vous ? Cet imbécile a laissé tomber son transmetteur... Vous l'avez ramassé, et vous êtes arrivé ici.

- Parce que cet œuf...?

- Oui. Cet œuf permet de voyager instantanément d'une planète à une autre. Nous sommes ici sur un monde loin- 90 tain qui tourne autour de l'étoile que vous appelez Aldéba- ran. Le transmetteur individuel - l'œuf - permet à nos envoyés de revenir instantanément ici. Ainsi, ils peuvent rap- porter des échantillons et faire un rapport détaillé.

95   L'extra-terrestre paraît plus aimable que tout à l'heure.
     - C'est extraordinaire ! s'exclame Sylvain. Mais cet œuf...
comment fonctionne-t-il ?

     L'extra-terrestre explique... Hélas, Sylvain n'y comprend
rien. Au fil du discours, le malheureux Terrien saisit : "con-
100 tact avec la peau... les nerfs... le cerveau décompose les cellules grâce à l'énergie de l'œuf, qui les recompose à l'arrivée..."
     - Dans quel but... euh, X.P. 637 est-il venu sur la Terre ?
Et comment ?
105 - Nous cherchons des plantes nouvelles pour nourrir la
population de notre planète. C'est pourquoi nous envoyons,
avec des engins spatiaux, des cosmonautes qui visitent
d'autres planètes. Grâce à leur transmetteurs individuels, ils
font de rapides allers et retours pour nous apporter les végé-
110 taux qu'ils ont trouvés et que nous testons ici-même.

     D'un coup, Sylvain comprend : l'éclair, le tonnerre, c'était
un engin spatial !
     - Pourquoi utilisez-vous des astronefs, puisque vous pos-
sédez ce fantastique transmetteur ?
115 - Pour le retour, jeune homme ! Car il faut déjà amener
l'œuf ailleurs avant de s'en servir. Vraiment, je suis désolé.
C'est une erreur inexcusable. X.P. 637 sera puni. Vous avez
effectué un voyage éprouvant et inutile.
     - Peut-être pas. Attendez. Je peux vous venir en aide.
120 Sylvain pose sur le bureau le sac contenant les sandwiches.
     - Ce n'est pas grand chose, évidemment : quelques tarti-
nes beurrées, du chocolat...
     - C'est très intéressant, merci.

     L'extra-terrestre saisit le goûter, et ouvre la porte d'un pla-
125 card dans le mur métallique. Il y glisse les sandwiches,
referme la porte... Aussitôt, un écran s'allume au-dessus du
placard. Des images apparaissent, des formules atomiques
défilent rapidement. L'extra-terrestre traduit pour Sylvain :
     - Voici la composition : farine de blé, sucre, sel, matières
130 grasses, chocolat.

Les éléments farine et chocolat subsistent sur l'écran. Et Sylvain, stupéfait, voit apparaître l'image, parfaitement reconstituée par la machine, d'un grain de blé, d'un épi, et celle d'une plante bizarre : l'arbre à cacao.

- Ces plantes sont parfaitement adaptables sur notre sol ! 135 déclare l'extra-terrestre avec satisfaction. Pouvons-nous garder ces sandwiches ? Grâce à eux, nous allons reconstituer leurs cellules d'origine. Ton aide est très précieuse. Ah, quel maladroit, ce X.P. 637...

Sylvain est ravi d'avoir pu rendre service. 140

- Et la Terre, demande-t-il timidement, est-ce que je pourrai bientôt y revenir ?

- Bien sûr ! Excuse encore ce contretemps. Adieu et merci. Renvoie-nous X.P. 637 et dis-lui... Non, inutile : tu ne pourras rien lui dire. Attends : prends l'œuf dans la main gau- 145 che pour le retour.

Sylvain aimerait adresser un signe amical de la main. Mais son bras se fait lourd, son corps semble glacé. Il est entouré d'un brouillard épais et froid, il devient impalpable...

- Sylvain, enfin ! Mais que s'est-il passé ? 150

Sophie court vers la silhouette qui apparaît peu à peu au milieu du chemin.

- Je t'expliquerai. Dis-moi, tu n'as vu personne ?

Sylvain est encore engourdi. Il fait deux ou trois pas, et range soigneusement l'œuf dans sa poche. 155

- Si, dit Sophie. Un motocycliste, sur le chemin du bois. Pourquoi ?

Un motocycliste ? Mais oui : Sylvain aperçoit, au bord de la prairie, un individu en combinaison brillante, et dont le casque brille au soleil. 160

- Attends une seconde, dit-il à Sophie. Je vais lui rendre...

- Lui rendre quoi ?

- Sa moto !

Il court jusqu'à l'inconnu, qui commence à fuir. Mais Sylvain tend l'œuf à bout de bras. Le "motocycliste" 165 s'arrête, hésite, comprend. Derrière le casque transparent, Sylvain reconnaît un visage tout rond, des petits yeux ovales, et une bouche mince qui sourit. Il tend l'œuf à la main gantée. L'extra-terrestre hoche vivement la tête.

170   - Tu me dis merci ? fait joyeusement Sylvain. Il n'y a vraiment pas de quoi. Je n'aimerais pas être à ta place, tu sais : qu'est-ce que tu vas entendre en rentrant ! A propos, regarde si tu n'as pas un trou dans la poche.

Sylvain n'attend pas la réponse ou le départ de l'inconnu :
175 il revient en courant vers Sophie, traverse la prairie sous le regard indifférent des vaches.

     - C'est fait ! Nous pouvons continuer notre promenade.
     - Explique-moi !
     - C'est bon, je vais tout te raconter en route. Ou plutôt,
180 non : arrêtons-nous pour goûter. Ces émotions m'ont donné faim.
     - Mais... où sont passés les sandwiches ? demande Sophie.
     - Zut, je n'y pensais plus. Les sandwiches ? Je les ai laissés là-bas.
185   - Eh bien, retourne les chercher.

Sylvain prend Sophie par la main, et l'entraîne sur le chemin :
     - O.K., mais tout d'abord, vois-tu, il faut que nous trouvions un œuf...

L'Arme secrète

Claude et Jacqueline Held

L'endroit est calme. Pourtant on murmure des choses. 1
- Le hangar dans la vallée, vous connaissez ?
- Euh, oui.
- Il y a de drôles de bruits la nuit. Ça s'éclaire entre les
planches. Des hommes vont et viennent. 5
- On m'a dit que c'était interdit d'approcher. Il y a des
gardes, des sentinelles.
- C'est bien possible... Parlez plus bas. On nous regarde.

La silhouette disparaît au coin de la rue.

La conversation reprend. Le facteur était au café hier 10
matin. Il prenait un verre au comptoir. Quelqu'un a dit :
il y a des étrangers dans la vallée, des ingénieurs. Le Grand-
Paul-qui-sait-toujours-tout a affirmé : ils fabriquent une
machine. Il a ajouté d'un air mystérieux : secret militaire.
Des voix se sont écriées : c'est peut-être bien une fusée ? Ou 15
une bombe atomique ? Non, a dit le Grand Paul, il paraît
que c'est un engin comme on n'en a jamais vu encore. On
appelle ça une gloute.

La curiosité est à son comble au village. Depuis un mois
on ne parle que de ça. Qu'est-ce que c'est, bon Dieu, mais 20
qu'est-ce que c'est ? On a cherché dans les dictionnaires, partout. Pas de gloute. Le mot n'existe pas. On tourne en rond.

Et soudain, coup de théâtre : le journal annonce qu'une gloute sera inaugurée dimanche prochain dans la vallée.

25   C'est un événement. On se prépare. On sort les habits du dimanche. On se précipite au hangar. Les soldats retiennent la foule.

Les portes du hangar s'ouvrent. Un chariot avance, tiré par un tracteur. Sur le chariot se dresse une forme cabossée 30 recouverte d'une bâche.

La foule suit le chariot jusqu'à la rivière. Le maire fait un discours. Puis le ministre. Un ingénieur enlève la bâche. Un énorme tuyau percé de trous et hérissé de tiges apparaît alors. La foule recule, impressionnée.

35   Une grue saisit la gloute et la dépose sur la rivière. L'ingénieur détache les câbles. La gloute s'enfonce doucement puis disparaît. Le ministre, ému, serre la main de l'ingénieur-en-chef et le félicite longuement. La foule se disperse.

On se regarde du coin de l'oeil. On s'interroge du regard. 40 Personne n'ose vraiment trop le dire. Mais, tout de même, on est déçu.

Le lendemain, grand titre du journal en première page :

LA GLOUTE EXPÉRIMENTALE
REMPLIT PARFAITEMENT SA MISSION.

45   Et l'article commence : *Une gloute a été immergée hier dans notre vallée. Comme prévu, dès qu'elle s'est enfoncée dans l'eau, elle a produit des bulles et le son caractéristique de "gloute-gloute-gloute". C'est un beau succès pour le Centre de Recherche sur la Gloute qui a été créé voici cinquante* 50 *ans par le professeur Craqueciel...*

Une rose dans la neige

Pierre Gamarra

Ne bouge pas. Ecoute. Il fait froid, ce soir. Les Pyrénées 1
semblent se taire. Elles se taisent. Le vent est glacé. C'est
curieux. Ce vent qui m'arrive d'Espagne ne porte pas des
parfums de citron, d'orange, de tomate, de poivron. Il est
passé sur des champs de neige. Et sur ces champs de neige, 5
le vent qui arrive d'Espagne, a perdu sa chaleur, ses couleurs, ses odeurs d'Espagne.

J'habite dans la maison d'école, face à la vallée.
Là-bas, très loin de moi, se dressent les plus hautes cimes
des Pyrénées. 10
Chaque jour, depuis ma porte ou depuis ma fenêtre, je
regarde ces hautes crêtes. Je les regarde au fil des saisons.
D'un jour à l'autre, d'un mois à l'autre, d'une saison à
l'autre, je les vois changer. Couvertes de soie fauve et brune
durant l'été, avec des bijoux de glace par-ci, par-là. Cou- 15
vertes de laine blanche durant l'hiver...
En bas, je regarde s'agiter les hommes. Un petit train,
pareil à un jouet d'enfant, circule au pied des hêtres et des
sapins. J'aperçois des vaches et des moutons minuscules dans
des prés qui ressemblent à des mouchoirs ... 20

Aujourd'hui, c'est le silence et je rêve.
Je suis seul dans la maison d'école. La cloche n'a pas sonné
ce matin. C'est dimanche.

Le vent hurle, gémit, se plaint. Il pleure sous la porte
25 comme un renard qui me supplierait de le laisser entrer pour
se réchauffer.

Le vent se tait tout à coup et je tends l'oreille. Quel visi-
teur va venir aujourd'hui chez moi ?

Une main va-t-elle cogner à ma porte ?

30 Une voix va-t-elle m'appeler ? Une voix - cordiale, amie -
va-t-elle me demander :

- Holà, compagnon, as-tu du pain frais pour moi ? Du
jambon ? De la brioche ? Du vin ?

Le vin est bon quand il fait froid. L'amitié est encore meil-
35 leure quand il fait froid, quand on est seul, quand on écoute
gronder la bise ...

Soudain, le vent s'efface. Le silence devient total. C'est
un silence de plume, de plomb. Il est transparent et lourd
à la fois.

40 Et la neige descend brusquement sur le village, sur la maison d'école, sur ma pensée. La neige blanchit le rebord de
la fenêtre, elle blanchit aussi ma tête. Ma tête est blanche
de neige. Ma tête est remplie de coton froid. Où suis-je ?
Je ne sais pas.

45 Vais-je m'endormir ?

Derrière moi, le feu pétille, craque, chuchote.

On dirait que le feu veut me dire quelque chose.

On dirait qu'il veut m'avertir.

On dirait qu'il murmure des mots à mon intention : ne
50 t'éloigne pas ! Reste auprès de moi ! Il fait froid dans la
montagne. Reste auprès de moi. Approche-toi, vois comme
ma chaleur est douce, agréable ...

La neige danse sur la montagne. La neige valse au creux
de ma tête.

55 Je n'ai pas froid.

La neige m'apporte un parfum inconnu.

Le parfum de l'espace.

Ce n'est ni la tomate, ni le vin espagnol, ni l'orange de
Valence, ni le nougat de Barcelone.

60 C'est ... Comment vous dire ?

Tous les parfums de la terre et peut-être tous les parfums du ciel.

Je suis devenu neige.

Et comme la neige, je connais tous les ciels du monde.

J'ouvre ma porte. Je pousse le vantail. Je m'avance dans la prairie en pente qui conduit au torrent.

Je ne marche pas. Je danse, je valse, je voltige, je suis un flocon, je suis mille flocons.

Derrière moi, chez moi, dans ma cuisine, le feu pousse un cri :

- Ho !

Je ne réponds pas.

- Ho ! répète le feu. Reviens vite. Ne reste pas dehors. Tu n'as pas mi ta pelisse. Tu n'as pas mis ta toque de fourrure. Tu vas t'enrhumer ...

Je ne dis rien. Je ne réponds pas. Je ne bronche pas.

Le feu se remet à crier :

- Ho ! Ho ! Ho ! C'est dangereux. Reviens vite ! Il fait froid. Tu es déjà couvert de neige. Tu vas être malade. On va te retrouver complètement gelé !

Je danse sur la pente douce et blanche, sur la pente immaculée.

Je sifflote une petite chanson très fine, très délicate.

- Allons ! reprend le feu. Sois raisonnable. Viens te chauffer. Tu es blanc, tu es tout blanc. Tu dois être blanc à l'intérieur comme à l'extérieur.

Je vais m'en aller, je vais glisser dans l'espace. Le vent m'emportera sur les plus hautes cimes des Pyrénées, le vent me poussera vers les Alpes, vers le Jura, vers les Carpates, vers le pôle, vers la Lune ...

Suis-je déjà dans le ciel ?

La nuit est claire. L'air est limpide.

J'aperçois les Pyrénées. Je vois naître ma Garonne.

La Garonne est un fil d'argent qui glisse dans des plaines de velours. Entre des blés et des maïs, entre des pêchers et des champs de tabac. Entre des peupliers et des vignes.

Adieu, Garonne, adieu, vignes de bronze et de cuivre,
pêches de satin doré, adieu, lourds épis de maïs couleur d'or
et de rose ...

100   Je vole à toute vitesse. J'abandonne mon pays. Où sont
les rires de mes amis, ce soir ? Où sont les cheveux de ma
mère ? Où sont les mains brûlantes et le cœur brûlant de
ceux que j'aime ?
       Et mes écoliers ?
105   Où sont mes écoliers ?
       Demain, mes écoliers, chantant, riant, se bousculant
comme d'ordinaire, arriveront jusqu'à la grille de la cour
et jusqu'à la porte de la classe.
       Il n'y aura personne.
110   Il n'y aura que le silence.
       Ma table sera muette. Les papiers sur ma table ne parle-
ront pas. Les livres dans la bibliothèque se tairont.
       Mes écoliers s'approcheront lentement de ma table, de mes
papiers, de ma bibliothèque.
115   Mes écoliers crieront :
       - Où est le maître ? Qu'est devenu le maître ? Nous
n'avons plus de maître !
       Et que dira le silence ?
       Le silence ne dit jamais rien. Le silence ne pourra pas dire
120 à mes écoliers :
       - Votre maître est devenu flocon de neige. Il est parti dans
l'espace, poussé par le vent. Votre maître est en train de
voguer vers les Alpes, vers le Jura, vers le pôle, vers la Lu ...

       Je suis devenu neige. Je vais découvrir les ciels du monde
125 et de l'espace ... Mais ...
       Mais où est le rire de ma sœur ? Qu'est devenu le sourire
de mon frère ? Et ma cousine qui pleurait, où est-elle ? Et
mon grand-père, où est-il passé ? Je ne sens plus l'odeur déli-
cieuse de sa pipe et de sa crème à raser. Je ne vois plus ma
130 grand-mère. Je ne sens plus son parfum délicieux de lavande
et de caramel. Parfaitement. J'ai une grand-mère qui sent
le caramel et la lavande. Et une sœur qui sent la framboise
et le citron. Quand ma mère parle, elle me donne l'impres-

sion qu'un orchestre de violons et de flûtes vient de se mettre à jouer. J'ai perdu la voix de ma mère. Et mon père, 135
où est-il ? Quand mon père s'approche de moi, il me semble que la forêt s'approche de moi, que les sapins se mettent à frissonner. Mon père sent le lièvre et le chevreuil, mon
père sent la terre et le bois. (Et votre père à vous, quelle est
son odeur ?) 140

Je suis devenu neige. Je valse dans le vent glacé. Mais ...
Mais que sont devenus les objets de ma table ? Mes
crayons, mes stylos, mes crayons à bille, mes craies de couleur, mes gommes, mes pinceaux, mes pots et mes tubes de
colle ? Et ce cahier couleur de cerise, qu'est-il devenu ? Et 145
ce dictionnaire d'allemand, habillé de citron et d'orange,
qu'est-il devenu ? Je ne vois plus le ruban de papier collant
qui scintillait sous la lumière de ma lampe ... Et ma lampe
avec son abat-jour fraise qu'est-elle devenue ? Demain, les
écoliers s'approcheront de ma table et demanderont : 150
- Où est le maître ? Où sont les objets du maître ? Où sont
les yeux du maître ? Et ses cheveux, et ses lunettes, et sa cravate à rayures violettes, et ses souliers acajou, où sont-ils ?
Peut-être, les aurai-je emportés avec moi ? J'aurai tout
emporté avec moi dans l'espace ... 155
Je serai devenu neige. Et tout ce que je possédais, et tout
ce que j'aimais, sera devenu neige : mes cahiers, mes cale-
pins, mes livres, mes papiers, mes crayons, mes parents, mes
amis.
Et mon chien, lui aussi, sera devenu neige. 160
Vous le voyez, mon chien ? Il est grand, fort, solide. Il
a des pattes vigoureuses, des oreilles longues et pointues.
Il aboie très fort. C'est un beau chien. C'est un bon chien.
Il s'approche de moi, il pose son museau tiède sur mes cuis-
ses. Il s'endort. Il m'aime. Je l'aime. Parfois, une de ses oreil- 165
les frémit. Que se passe-t-il ?
Que se passe-t-il ? Et mon chien me raconte ce qu'il
entend : une souris qui court au grenier, un lapin qui gri-
gnote un chou dans le jardin, un rouge-gorge qui frappe au
carreau très doucement, un enfant qui pleure au bout du vil- 170
lage, un bûcheron qui marche sur la route, très loin, une

fée qui marche sur le toit d'une maison voisine, un lutin qui
sourit parce qu'il a trouvé un caillou rose …

Où est mon chien ? Il a disparu. Il a emporté la souris,
175 le lapin, le rouge-gorge, l'enfant qui pleure, le bûcheron, la
fée, le lutin …

Ils sont tous devenus neige.

Mon chien est devenu neige avec moi.

L'es
180
        pa
              ce
                    Le
                          si
185   len
                                    ce
et
190   flo
                              sent
        les   cons
                    qui
                          dan
                                du cô
                                        té
195   de
je
            sais
        ne
                  où
                        …

200 Parce que j'étais seul, ce soir, devant la montagne, je suis
devenu neige.

Tout ce que j'aimais est devenu neige, tout ceux que
j'aimais sont devenus neige.

Mes écoliers poussent la porte.
205 Ils disent :
- Où est donc passé le maî … ?
Le feu m'appelle :
- Ho ! Ho ! Ho !

Je n'entends pas.

Alors, le feu s'impatiente et il lance une étincelle vers moi. 210
L'étincelle rouge passe par-dessus ma tête et se pose dans
la neige.

Je m'arrête.

Quelque chose de chaud a caressé mes cheveux, mes joues.

D'où vient cette tiédeur ? De ma maison ? 215

Oui, elle vient de ma maison. C'est la chaleur des murs,
des corps, des cœurs. La chaleur des hommes.

Et là, devant moi, quelle est cette fleur tout-à-coup sur-
gie dans la neige.

Une étincelle rose ? Une braise rouge ? 220

Une fleur ?

Oui, c'est une fleur.

C'est une rose.

Une rose qui est née dans la neige.

Une rose qui s'est trompée de saison et qui vient de fleu- 225
rir pour moi, malgré la bise et le froid.

Me voici redescendu sur la terre.

Je ne suis plus flocon.

Le vent ne m'emporte plus.

Je retrouve mes mains, mon regard d'homme. 230

Je sais que je suis un homme.

Je pense à ma maison, à mes parents, à mon grand-père,
à ma grand-mère, à mon oncle Alfred qui chante toujours,
à ma tante Olga qui aime tant l'aquarelle, à mes amis, à mes
élèves ... 235

Je marche dans la neige vers ma maison, vers ma table,
vers mes crayons de couleur, vers mon cahier de poèmes ...
Vers mes livres, vers les voix de mes enfants, vers la voix
de mes amis. *Comment vas-tu ? Bonjour. Bonsoir. Bonne
nuit. Bon appétit. Joyeux Noël. Bonne année. Joyeuses* 240
*Pâques. J'espère que tu te portes bien. Comment vont tes
parents ? Heureux anniversaire.*

Je ne suis plus flocon de neige. Je suis un homme.

NE DEVIENS JAMAIS NEIGE !

Trois de mon enfance

Bertrand Solet

1. Robert-marchand-de-clous

1   Robert était né dans le quartier juif d'une ville de Pologne, qu'on appelle ghetto. Un quartier noir et triste. Dès sa petite enfance, il connut les nuits tragiques de pogrom, quand une foule excitée envahit les rues en hurlant de rage, met-
5   tant le feu aux maisons, assommant les gens, tuant même...
Les habitants apeurés cherchaient à fuir, à se cacher. Lorsque l'orage était passé, ils revenaient très vite.

Un jour, Robert en eut assez et s'en alla. Il partit à pied, marcha très longtemps, passa une frontière en cachette, puis
10   une autre, allongé sur l'essieu d'un wagon, une troisième sans doute... Il ne les comptait plus.
Il se retrouva en France. Il n'avait guère plus de dix-sept ans. C'était en 1937 peut-être, ou en 1938.
On lui avait donné l'adresse d'un compatriote, déjà ins-
15   tallé à Paris. Il y resta quelques jours, cherchant du travail.
Pour travailler, un étranger en France a besoin d'une carte. Robert ne possédait aucun papier d'identité. Il avait perdu les siens sur la route, sous le wagon peut-être, ou dans une meule de paille.
20   Robert trouva tout de même du travail. Il vendit des clous sur les marchés. On l'appela Robert-marchand-de-clous.

Les mois passèrent. Robert apprit le français. Il dormait la nuit sans crainte. Dans la rue, les gens lui souriaient. Il était un homme comme les autres.

Très vite, la France lui devint chère... 25

Mais bientôt ce fut la guerre, l'invasion, l'entrée des Allemands à Paris.

Les Allemands, c'était pire que les pogroms de son enfance : l'extermination sans pitié des Juifs "race inférieure"... 30

Robert avait presque vingt ans maintenant. L'âge de se battre. Il prit contact avec la Résistance, à Lyon, aussitôt qu'il le put.

Débrouillard, dévoué, il rendit de grands services.

Il disait : 35

- Quand la guerre finira, j'aurai une carte de travail. La France est maintenant mon pays. Je me bats à la fois, et pour moi, et pour elle.

En 1943, on envoya Robert à Grenoble. Là-bas, il devait s'occuper de la propagande parmi les Polonais enrôlés de 40 force dans l'armée allemande. Une besogne dangereuse.

Un jour, un soldat le reconnut dans la rue et le désigna à une patrouille. Les nazis le prirent en chasse, tandis qu'il s'enfuyait à vélo. Une balle le jeta à terre.

Les soldats se précipitèrent sur le blessé et se mirent à le 45 traîner vers un de leurs camions. Les gens regardaient, ne sachant ce qui se passait.

Robert cria :

- Vive la France ! Vive la France !

Sa voix était si vibrante, si chaleureuse, si forte, que pour 50 le faire taire, les nazis le tuèrent sur place, à coups de baïonnettes.

Ainsi mourut un résistant français, Robert qu'on appelait Robert-marchand-de-clous, car personne ne savait son vrai nom. Et personne ne le sait aujourd'hui encore. 55

2. Hélène

Hélène Kro a rêvé de devenir aviatrice. Elle y pense encore 1
souvent tout en piquant des vêtements à la machine, dans
un atelier de confection. La journée est longue. Le soir, elle

se dépêche de rentrer. Son fils a besoin d'elle. Il n'a que cinq
5 ans.

Elle prend le métro. Peut-être trouvera-t-elle en rentrant
une lettre de son mari, prisonnier de guerre en Allemagne ?

Autour d'elle, les gens font semblant de ne pas la voir.
Ou bien, au contraire, lui sourient, exprès. Car Hélène porte
10 sur son manteau un carré de tissu jaune, avec une étoile à
six branches dessinée dessus. Au milieu, un mot qui se veut
outrageant : "Juif".
Depuis que les nazis sont entrés en France, ils s'efforcent
de propager leurs théories racistes, par tous les moyens. Dès
15 le mois d'août 1940, des groupes de jeunes nervis à chemi-
ses brunes s'en vont casser les vitrines des magasins israélites. Bientôt, des lois interdisent aux juifs l'entrée des éta-
blissements publics. On réquisitionne leurs biens... Des com-
merçants mettent des écriteaux aux portes : "Ici, on ne reçoit
20 plus les israélites".
Le 14 mai 1941, cinq mille juifs étrangers sont arrêtés,
embarqués dans des wagons plombés à destination des camps
de la mort : Buchenwald, Auschwitz, Ravensbrück,
Dachau...
25 Puis, en juin, le port de l'étoile jaune devient obligatoire.
Enfin, le 15 juillet, le "jeudi noir", c'est la monstrueuse
opération "Vent printanier" : treize mille Juifs arrêtés, par-
qués comme des bêtes au Vélodrome d'hiver de Paris. Le
groupe de résistance "Solidarité" demande à Hélène
30 d'essayer de pénétrer à l'intérieur du Vélodrome pour entrer
en contact avec certains prisonniers. Vingt fois, dans une
même journée, la jeune femme réussit sa mission, en dépit
des policiers, les bras chargés de fruits, de lait pour les
enfants.
35 Treize mille condamnés à mort. C'est un souvenir
effroyable...
L'enfant d'Hélène dort paisiblement dans son lit. Il n'y
avait pas ce jour-là de lettre d'Allemagne. Tout à l'heure,
des amis sont venus, des résistants. Ils lui ont demandé encore
40 un service. Dangereux, comme à l'accoutumée.

Hélène a accepté. Il faut faire ce qu'on peut, pour hâter la fin de ces temps terribles.

Elle regarde son enfant. Dès demain, pour être plus libre, elle le conduira à la campagne, chez des braves gens qu'elle connaît. Une des innombrables familles qui font tout, en ces jours difficiles, pour aider les israélites traqués...

Hélène sert d'agent de liaison, transporte des armes. Puis, avec d'autres femmes, elle attaque des parcs de matériel militaire allemands. Voitures et camions flambent. Ils ne serviront plus à l'ennemi.

Hélène est heureuse de se sentir utile, de participer au combat.

Mais un jour, alors que son sac est plein de dynamite, une main s'abat sur son épaule : la police.

On la ramène, pour perquisitionner, dans son petit logement, au cinquième sous les toits.

Hélène n'a pas peur. Seulement, elle attend deux résistants qui doivent venir chez elle, chercher les explosifs.

Les policiers fouillent partout. D'autres sont en bas, dans une voiture. Elle regarde sans arrêt par la fenêtre ouverte, ne sachant que faire.

Et voilà qu'au bout de la rue, les deux résistants paraissent. Dans quelques minutes, ils frapperont à la porte et seront arrêtés à leur tour.

Si elle crie, ils fuiront. Les policiers, en bas, les prendront en chasse.

Il n'y a qu'un moyen pour prévenir les camarades... Les policiers ne lui prêtent aucune attention. Elle enjambe vivement la fenêtre et se lance dans le vide, du cinquième étage.

Dans la rue, les gens hurlent. Les policiers se précipitent. Les résistants ralentissent le pas. Ils ont compris le drame qui s'est joué. Hélène leur a sauvé la vie, sans hésiter, au prix de la sienne.

Tout simplement.

3. Cellule trente-cinq

1   La prison de Fresnes, près de Paris, contient quinze cents
cellules. Durant la dernière guerre, lorsque les nazis occu-
paient la France, des dizaines de milliers d'hommes et de
femmes y sont passés. Pour quelques jours ou pour quel-
5   ques mois. Des "droits communs" et des "politiques" (les
résistants).

Pour ces derniers, c'était le temps terrible des interroga-
toires, des tortures. L'antichambre de la mort, trop souvent.

Une cellule, cela représente un tout petit espace étouffant,
10 entre quatre murs sales. Le décor : une table pliante, une
chaise fixée au sol par une chaîne, une cuvette hygiénique,
un lit de fer avec une paillasse dessus. Au plafond une
ampoule nue qui s'éteint très vite le soir.

Dehors, dans le couloir (une sorte de passerelle) circulent
15 les gardiens, le chariot avec la soupe. De temps en temps,
des coups sourds contre les murs annoncent des nouvelles,
dans un langage qu'on apprend vite à connaître. De temps
en temps aussi, quand l'aube blanchit la fenêtre grillagée,
monte et s'enfle un chant profond accompagnant comme
20 un dernier adieu, ceux qui marchent vers la mort : la
Marseillaise.

Cellule trente-cinq. Un jeune homme y est enfermé. Presque un enfant. Il écrit sur le mur :
"Aujourd'hui, 14 mai 1944, j'ai 18 ans. J'ai passé 17 ans
25 auprès de ma famille, mes 18 ans en prison. Où passerai-je
mes 19 ans ?"

Il s'appelle Louis Jaconelli. C'est un garçon d'Aubervilliers, arrêté le 12 avril par la 2ème Brigade Spéciale. Ses
camarades des Francs-Tireurs et Partisans l'ont surnommé :
30 "le Valeureux".
On ne sait rien d'autre sur lui. Seulement qu'il aime une
fille et qu'elle s'appelle Rolande. Sur un mur de la cellule

trente-cinq, il grave son nom près du sien, dans un cœur percé d'une flèche.

Louis Jaconelli rêve... La guerre s'achève. C'est pour cela qu'il a combattu. Sur le mur, il dessine le plan de son futur appartement, où il habitera avec Rolande, une fois la paix revenue. Ici, c'est la chambre, plus loin, la salle de bain, la cuisine, les placards. Et l'auto dans le garage pour les sorties du dimanche...

Ce plan ne lui suffit pas. Il imagine autre chose de plus parlant encore : un grand dessin gravé. Un vrai dessin qui représente la salle de séjour de sa maison. Au fond, la fenêtre est ouverte sur le jardin, où les arbres fleurissent. D'un côté, Rolande est assise, et le regarde avec douceur. Lui se tient en face, sur un fauteuil, comme elle. Une pipe à la main, heureux, détendu. A côté un chat et un chien. La pièce est pleine de livres, de meubles, de tableaux. Louis n'oublie de dessiner ni le réveil, ni la lampe, ni les tasses à café entre Rolande et lui...

C'est le bonheur. Son bonheur qu'il espère. Mais un matin on vient le chercher. Près de la porte, il laisse un dernier message : ''Rolande'' comme un adieu.

Plus tard, on a retrouvé sa trace fugitive dans un des camps nazis de la mort lente : le camp de Dora. Il n'en est jamais revenu. Son corps a brûlé dans le four crématoire. Ses cendres s'en sont allées très loin, dispersées par le vent, un peu vers tous les pays où vivent heureux d'autres Louis et d'autres Rolande.

Il ne faut pas oublier Louis Jaconelli.

L'Homme des herbes

Andrée Clair

1   Tout le monde parle du lac Tchad. Mais pour nous, les Yadénas, c'est le "Koulou", "la grande étendue d'eau".
    Et on nous appelle "les Boudoumas", "les hommes des herbes". A cause d'une bien vieille histoire.

5   Il y a longtemps, longtemps, des hommes venant de loin, très loin à l'est, se sont arrêtés près du lac aux belles eaux claires. Leur chef a deux fils. L'aîné, après s'être marié, s'en va, en pélerinage, à La Mecque.
    Il part. Il part mais il ne revient pas.

10   On l'attend, et on l'attend encore.
    Personne ne sait rien de lui.
    Une année passe, une autre, une troisième.
    Toute la famille dit : "Il est mort".
    Alors, selon la coutume, Maïna Réhé se marie avec la
15 veuve de son frère aîné. Car, comment pourrait vivre une femme seule ?
    Ils sont mariés. Ils sont heureux. La jeune femme va avoir un enfant. Et à ce moment, quelle est la nouvelle qui court la savane, la nouvelle qui va plus vite que le vent ?
20   Le frère aîné n'est pas mort.
    Il revient.
    Maïna Réhé étouffe de honte. Il n'a pas su attendre son frère. Comment osera-t-il le regarder ? On disait... mais il fallait questionner, chercher, se renseigner, attendre
25 davantage !

La nuit même, il fuit.

Il fuit son village.

Il se cache dans une île du Koulou.

Les îles sont si nombreuses dans le lac ! On ne pourra le retrouver.

Il vit là, seul, triste, malheureux, se nourrissant des poissons qu'il pêche, jusqu'au jour où la brise du lac pousse, sur la rive, une grande calebasse remplie de mil.

Voilà qui est extraordinaire !

Une calebasse si grande, Maïna Réhé n'en a jamais vu. Chez lui, tout le monde, bien sûr, cultive des calebasses et se sert des fruits vidés et séchés pour conserver les grains, le lait, l'eau. Mais celle-ci contient dix fois plus que les récipients des Yadénas.

Et quel beau mil !

Les gens qui l'ont récolté doivent être des maîtres-cultivateurs !

Il faut aller les voir.

Aussitôt, Maïna Réhé monte dans la grande calebasse et le voici vogue-voguant parmi les îles et le voilà file-filant dans les eaux libres.

Une rive apparaît. Des hommes regardent avec un grand étonnement cette embarcation inattendue. Puis ils la reconnaissent : c'est une calebasse de leur pays.

Quelle est cette aventure ?

Mais quand ils découvrent Maïna Réhé, ils ne pensent plus à se poser de questions : leur rire éclate ; il court sur les vagues, il court sur les herbes. Comment peut-on être si petit ?

C'est qu'ils sont grands, eux, les Saôs.

De vrais géants !

Pour un Saô, tuer un éléphant est un jeu. Le rapporter au village sur son épaule n'est rien. On peut même, si on en tue un deuxième, le faire rôtir et le manger en revenant. En portant toujours le premier sur l'épaule.

Et voilà devant eux cet homme qui pourrait à peine rapporter une antilope. Une petite antilope.

A cette idée, leur rire, encore plus fort et encore plus joyeux, vole si loin parmi les herbes que les autres Saôs

65 accourent. En entendant les éclats de ce rire qui grandit, les
oiseaux fuient la terre, les poissons fuient la rive.

Maïna Réhé, lui, reste calme. Les Saôs disent :

- Emmenons-le voir le chef.

Le chef l'interroge.

70 En entendant l'inconnu expliquer comment il est venu,
on s'émerveille.

Mais les femmes écoutent et les voici qui parlent :

- Il y a plusieurs jours, nous étions au bord du lac.

- Nous lavions notre mil.

75 - Le vent soufflait très fort.

- J'ai glissé, dit l'une, et j'ai lâché ma calebasse.

- Alors, ajoute une autre, nous avons vu la calebasse, pous-
sée par le vent, s'éloigner très vite.

- Elle a rejoint l'endroit où le lac rencontre le ciel, puis
80 elle a disparu.

- Et la voici ! Avec cet homme, ce petit homme dedans !

Les Saôs rient encore. Gentiment. Maïna Réhé est petit,
bien sûr, mais il est beau et il a un regard franc. Il ne semble pas gêné de se trouver au milieu des géants.

85 Il reste chez les Saôs, et il remarque une des filles du chef.
Elle s'appelle Sado Saorom. Elle est belle, vive, adroite.
Moins grande que ses sœurs.

Et elle, la belle Sado, s'intéresse à cet étranger qui est beau,
travailleur, et qui est aussi fils de chef.

90 Les deux jeunes gens se rencontrent. Ils se parlent, ils
s'aiment, ils se marient et Maïna Réhé emmène sa femme
dans son île.

Maïna Réhé se souvient alors qu'en fuyant son village il
a laissé son troupeau. Maintenant qu'il n'est plus seul, il doit
95 aller le chercher.

Il part.

Il n'ose pas se montrer à son frère, attend la nuit, prend
sa part et retourne chez lui.

Au matin, les gens constatent que la moitié du troupeau
100 a disparu.

Qui a osé voler ?

Le frère aîné, plein de colère, s'élance sur les traces.

Le troupeau, au loin, nage vers une île.

On le rejoint.

Et quel étonnement ! Mais aussi quel bonheur : on retrouve Maïna Réhé qu'on croyait disparu.

Son frère aîné lui dit :

- Reviens au village avec ta femme. C'est avec nous que tu dois vivre.

- Non, dit Maïna Réhé, je veux rester ici. Regardez la belle herbe que j'ai pour mes bœufs. Le troupeau, les poissons nourriront ma famille et tous mes descendants, même s'ils sont très nombreux.

Le frère aîné insiste :

- Viens au moins voir tes parents : ils seront si heureux.

Alors, Maïna Réhé rend visite à ses parents. Ceux-ci insistent aussi :

- Laisse ton île. Va chercher ta femme et tes bœufs, viens vivre dans ta famille.

Maïna Réhé répond :

- Mon île est couverte d'herbe, et mes bœufs sont toujours rassasiés.

Ses amis lui disent :

- Ne reste pas seul au milieu du Koulou. Reviens au village avec nous.

Mais lui, obstiné, répond à tous :

- Là-bas l'herbe est si haute et toujours verte. C'est la plus belle herbe du monde.

Et chacun répète :

- L'herbe... son herbe... il ne parle que de l'herbe... c'est un homme des herbes.

Maïna Réhé est retourné dans son île. Ses descendants y sont restés. On les appelle toujours ''les Boudoumas'', ce qui veut dire ''les hommes des herbes''.

Permis de vacances

Anne-Marie Chapouton

1   Il n'y a qu'une seule façon de sortir de Ville-Ville : on
monte dans un train aérien, et il vous transporte aux villes
de l'est, de l'ouest, du nord ou du sud. Le train survole les
grandes terres vides où plus rien ne pousse depuis très long-
5   temps. Où personne ne va, car il n'y a ni routes, ni chemins,
ni paysages : seule de la poussière grise que le vent pousse
ici ou là, et quelquefois jusque dans les yeux des habitants
de Ville-Ville. Ville-Ville est entourée d'une muraille lisse de
métal. Et dans cette muraille, il n'y a qu'une porte. Une
10   seule, et toute petite. Elle conduit aux Vacances.

Les Vacances sont la récompense des bons travailleurs.
Et ce matin, Ludo vient de recevoir son premier Permis de
Vacances. Il a entendu parler de cette région qu'on appelle
les "Vacances". On lui a dit que c'était un lieu tout à fait
15   délicieux, couvert d'herbe douce. Une herbe qui ne ressemble pas du tout à celle qui pousse au pied du mur de métal,
et qui, elle, est sèche et poussiéreuse. On a dit à Ludo qu'il
poussait même des arbres immenses et des fleurs extraordi-
naires, un peu comme dans les films qu'on montre à l'usine
20   une fois par mois, après le travail. On a dit encore à Ludo
que, dans cette région des Vacances, on peut faire ce qu'on
veut pendant le temps qu'on vous a prêté. Absolument tout
ce qu'on veut, et sans demander la permission aux Gardes.

HALTE.

Ludo sursaute. Il baisse la tête devant le garde qui se tient devant la grande porte d'entrée du bout de l'allée. Sur la porte, les lettres dorées brillent : VACANCES.

Le garde demande à Ludo ses papiers.

Alors, Ludo sort son sac à papiers. Il tend les documents les uns après les autres :

- Permis de conduire aérien, permis de repas quotidiens, permis d'achat de vêtements de travail, permis de marche dans la ville principale des villes de l'est, permis de course à pied en dehors des heures de travail, permis de piscine.

- C'est tout ? Alors que faites-vous ici ?

Le garde a l'air fâché.

Ludo s'excuse.

- Ah, pardon. J'oubliais. J'ai aussi un permis pour ce chapeau de paille à la place de la casquette réglementaire. J'ai des migraines, j'ai la tête délicate, et pour les vacances, j'ai eu l'autorisation exceptionnelle...

Ludo sort le permis de chapeau en paille. Mais le Garde n'est toujours pas content.

- Justement. A propos des Vacances. Vous ne croyez pas qu'il vous manque quelque chose ?

- Oui, oui, c'est certain. J'oubliais. Je suis fatigué. Il faut m'excuser. Je... Le voilà. Le voilà, mon Permis de Vacances.

Et Ludo sort d'une poche une carte rose avec sa photo.

Le Garde soupire. Il prend la carte des mains de Ludo et s'enferme dans la petite maison à côté de la porte d'entrée des Vacances. Ludo jette un coup d'oeil par la fenêtre.

Il voit le Garde qui glisse la carte dans une fente, les petites lampes de la machine qui se mettent à clignoter ; l'écran qui s'allume et sur lequel un chiffre apparaît, puis un autre.

Bientôt, le Garde ressort en disant :

- Trente-six mille deux cent quatre-vingt seize.

- Quoi ?

- Trente-six mille deux cent quatre-vingt seize secondes. C'est à cela que vous avez droit. C'est la durée de votre permis de vacances ici. Un peu plus de dix heures, si vous voulez. Dix heures en liberté.

- Mais... qu'est-ce que je dois faire en liberté, s'il vous plaît ? C'est... c'est la première fois...

- Monsieur, Monsieur, savez-vous ce que cela veut dire, 65 LIBERTE ? Vous ne **devez** rien faire, vous **pouvez** faire tout ce que vous voulez. Mais, un conseil : dépêchez-vous. Le temps commence à passer. Il ne faut pas le perdre en bavardant.

Ludo se retrouve dans un chemin sous les arbres. A 70 l'ombre des arbres, l'air est frais, et Ludo a une envie terrible de s'allonger et de s'endormir en suçant une tige de fleur, ou en regardant passer les nuages de poussière.

Au moment où il vient de s'allonger, une voix sort d'un haut-parleur dans l'arbre et crie :
75 - Ne perdez pas votre temps à faire des choses inutiles. Profitez de votre liberté.

Quand Ludo entend cette voix désagréable, il n'a plus du tout envie de rester allongé là où il est. Il est furieux.

Au loin, derrière un arbre, il voit quelque chose bouger. 80 Alors il se cache derrière un buisson et se met à observer. Ce sont deux hommes en uniforme rose. Des Gardes certainement. Ils approchent. Ils ont des porte-voix et s'adressent aux quelques visiteurs qui se promènent. Ludo a compris : ils sont là pour surveiller les gens qui sont en liberté pen-85 dant trente six mille deux cent quatre-vingt seize secondes. Ou plus. Ou moins. Ludo réfléchit : libre... libre... Il est libre de faire tout ce qu'il veut. On le lui a bien dit. Vraiment ?

Un peu plus loin derrière lui, il entend un craquement. Il se retourne : c'est une jeune fille. Avec de longs cheveux 90 noirs, l'air fatigué et le teint blanc des ouvrières des usines secrètes souterraines.

La jeune fille sourit en chuchotant :
- Bonjour.
- Bonjour...
95 - Nous sommes bien surveillés, vous avez remarqué ?
- Oui.
- Ça ne me change pas tellement du travail.
- Moi non plus...

Ludo s'approche doucement de la jeune fille et lui
demande :

- Combien de secondes avez-vous eues ?

- Trente six mille deux cent quatre-vingt dix-sept.

- Ah. Comme c'est drôle. Moi c'est deux cent quatre-vingt
seize. Une de moins. Vous devez être meilleure ouvrière que
moi.

- Oh... pour une seconde.

Ils rient en essayant d'étouffer leur rire. Ils se cachent un
peu mieux derrière les buissons en voyant les Gardes approcher. Ils se présentent. Elle s'appelle Eva. Elle avoue à Ludo
qu'elle non plus ne sait pas ce qu'elle doit faire des trente
six mille deux cent quatre-vingt dix-sept secondes qu'elle a
gagnées.

Mais le bruit d'un hélicoptère au-dessus d'eux les interrompt. D'un porte-voix venant d'en haut sort une voix qui
leur crie :

- Ne rêvez pas. Faites quelque chose de votre liberté.
Profitez-en. Profitez-en. Regardez tout ce que vous pouvez
faire. A dix mètres d'ici, vous pouvez monter dans un bateau
sur un lac merveilleux. Et vous pouvez choisir votre bateau :
à rames, à voiles, à moteur... Comme vous voulez. Un peu
plus loin, voyez, voyez les pentes enneigées. Faites du ski.
Soyez libres sur vos skis, libres sur les pentes.

Maintenant, c'est une voix de femme qui crie dans le
haut-parleur :

- Au bout de l'allée, vous arriverez dans un vallon. Et là,
vous pourrez enfiler des ailes, OUI, des ailes, et vous envo-
ler jusque dans les champs tout en bas. Vous connaîtrez le
plaisir de voler.

Ludo et Eva se regardent, stupéfaits.

Mais bientôt, un bruit de sonnerie, puis une voix demande
de l'autre côté du bouquet d'arbres :

- ATTENTION, ATTENTION. On demande quelqu'un
pour jouer aux cartes. Tous les jeux sont autorisés. Vous
avez même la liberté de tricher, pourvu qu'on ne le voie pas.

Maintenant, c'est un autre appel :

- A cheval, à cheval. Jouez à être le cow-boy perdu dans

les déserts de l'Arizona, attaqué par les Indiens. Nous vien-
drons vous sauver. Jouez, jouez, profitez de votre liberté.

140 Ludo et Eva sont blottis derrière les buissons. La nuit
tombe. Ils ont écouté, mais ils n'ont pas bougé. Une sirène
a retenti, puis une autre. Eva a dit à voix basse :

- C'est pour nous probablement. Nous avons dépassé
l'heure.

Mais ils ne bougent pas.

145 Ils regardent défiler les gens avec des fleurs autour du cou.
Ils soufflent dans des trompettes, ils ont des chapeaux en
carton sur la tête. Ils chantent très faux des chansons très
bêtes qui les font rire. Et on dirait qu'ils ont bu des bois-
sons interdites.

150 Maintenant, tout est silencieux.

Autour de la petite maison de l'entrée, les Gardes s'inquiè-
tent. Ils mettent en marche leurs motos, ils font ronfler les
gaz, ils s'appellent entre eux. On entend résonner partout :

- Les B 51, vous prenez le secteur ouest de la mare.

155 - Alerte aux B 53, le secteur des cow-boys est à vérifier.

- Allô, allô, les BW 00, envoyez les hélicoptères.

Eva et Ludo ont rampé bien à l'abri sous les buissons.
Ils attendent que le silence retombe.

Les motos sont maintenant de l'autre côté de la colline.
160 Le calme est presque revenu. Les voix des derniers prome-
neurs se sont éteintes. On commence à entendre les grenouilles dans les roseaux. La lune monte dans le ciel.

- Combien de secondes avons-nous pris en trop ? demande
Eva.

165 - Je ne sais pas, mais cela n'a plus aucune importance.
Des milliers, probablement.

- Est-ce que tu crois qu'ils nous puniront ?

- Je ne sais pas, dit Ludo. Peut-être que personne n'a
jamais désobéi pendant les vacances.

170 - S'ils nous punissent, ça m'est égal, dit Eva. J'avais besoin
de silence.

- Et moi, de ne pas compter les secondes.

Eva caresse l'herbe du bout de son doigt et demande :

- Tu crois qu'on pourrait arriver à faire pousser de l'herbe
175 sur une fenêtre, dans un petit pot ?

- Je ne crois pas. Il y a trop de fumées. Autour du mur de Ville-Ville, tout est déjà presque complètement mort.

- Mais alors, comment font-ils pour qu'il n'y ait pas de fumées ici ? comment font-ils pour arriver à faire pousser de l'herbe, des arbres... à faire chanter des grenouilles... à... 180

- C'est bien ce que je suis en train de me demander, dit Ludo. Et c'est ce que j'ai envie d'aller voir de plus près.

Alors, à petits pas dans la nuit, ils se faufilent dans l'allée. Ils cueillent des brins d'herbe au bord de la mare. Du moins, ils essayent d'en cueillir. C'est très difficile. L'herbe est 185 solide. Elle résiste.

Eva s'écrie :

- Quelle horreur. Ludo. Ce n'est pas de l'herbe véritable. C'est... c'est... on dirait du plastique.

- Montre ? 190

A la lumière de la lune, ils découvrent bientôt les grenouilles de métal à microphones... puis les roseaux en plastique, les fleurs en tissus... TOUT est faux. Sous l'herbe en tapis, des fils électriques circulent partout. Ils alimentent les faux oiseaux dans les arbres, en leur faisant crier toutes sortes 195 de cris charmants. Ils diffusent même du parfum de fleur dans l'air.

Ludo et Eva continuent de marcher. Ils arrivent devant un petit bâtiment. Ils s'approchent : tout est désert.

La porte n'est pas fermée : il vient une sorte de ronron- 200 nement de l'intérieur. Alors, ils poussent la porte.

Une machine clignote.

- Je commence ici, dit Ludo, toi, commence de l'autre côté.

Alors, ils arrachent tout ce qu'ils trouvent. Ils poussent 205 tous les boutons dans n'importe quel sens, ils tirent sur les bandes magnétiques, ils déchirent les cartes perforées.

Soudain, un grand soupir se fait entendre.

Tout s'évanouit, se dégonfle, se ratatine.

Le pays entier des vacances se réduit à un marécage gris 210 poussiéreux, avec ici et là des cadavres en métal de grenouilles ou de rouges-gorges.

Il ne reste que la lune de vraie dans le ciel.

- Nous avons tout détruit... dit Eva.

215   - Bien sûr, dit Ludo. Pourquoi pas ? On nous a bien recommandé de faire ce que nous voulions, n'est-ce-pas ?

Et Ludo et Eva s'en vont dans la nuit.

Itinéraires de lecture

Une bonne coupe

L'auteur

Né en 1945 à Paris, Christian Grenier est aujourd'hui professeur de lettres dans un collège parisien. Vers 1970 il découvre la science-fiction et ses inépuisables ressources.

Il a écrit, surtout pour les jeunes, plusieurs dizaines de nouvelles et une vingtaine de romans.

Avant la lecture

- **Le titre**

  Vous n'avez pas encore lu le texte mais avec le titre vous pouvez vous faire une idée de l'histoire. Faites une hypothèse.

  Le mot *coupe* a beaucoup de sens. Cherchez-les dans un dictionnaire.

Après la lecture

- **Les personnages**

  Combien de personnages y a-t-il dans cette histoire ? Qui sont-ils ? Qui sont les principaux ?

- **Le narrateur**

  Pour raconter l'histoire, l'auteur a choisi de privilégier un personnage en particulier. Lequel ? Qu'est-ce qui le montre ?

- **Quatre lieux**

  Dans cette histoire René va dans quatre endroits différents.

Découpez le texte en quatre parties correspondant à ces quatre lieux.

Quelle partie est la plus longue ? Pourquoi, à votre avis ?

• **Vocabulaire de l'école**

Dans ce texte, il y a beaucoup de mots qui font partie du vocabulaire de l'école. Pouvez-vous les retrouver et les noter ?

• **Quel sacrifice ?**

Mme Flamant attend un sacrifice de René. Quel sacrifice ? René, lui, fait un autre sacrifice. Lequel ? Pourquoi ?

• **Les émotions de René**

Tout au long de cette histoire, il a des émotions très variées. En suivant l'ordre du texte, essayez de les définir.

Aminata et Aïri

L'auteur

Dès l'âge de huit ans, Andrée Clair voulait aller faire la classe en Afrique. Après des études de sciences humaines à la Sorbonne, elle devient assistante d'ethnologie au Congo, puis professeur au Tchad. Elle voyage dans de nombreux pays d'Afrique, puis elle vit au Niger pendant treize ans.

Dans toute sa production (plus de quarante livres), Andrée Clair a voulu montrer *"que les gens à travers le monde, quelles que soient leurs différences, ont tant de ressemblances..."*

Avant la lecture

• **Les Touaregs**

Qui sont les Touaregs ? Consultez un dictionnaire.

Après la lecture

- **Les personnages**
  Quels sont les personnages de cette histoire ?
  Que savez-vous d'eux ? Que pensez-vous d'eux ?

- **La fête**
  Pourquoi Mariamma donne-t-elle cette fête ? Que se
  passe-t-il ?

- **Une nouvelle histoire**
  On peut raconter cette histoire autrement en commençant
  par *Il était une fois...* ? Essayez. Qu'en pensez-vous ?

Un oiseau allemand

L'auteur

Ecrivain et traductrice, Michèle Kahn a publié en particulier des albums pour les enfants, des contes comme les
fameux *Contes du jardin d'Eden*, inspirés par la tradition
biblique, et des romans pour tous publics (*Hôtel Riviera*,
1986).

Avant la lecture

- **Le titre**
  A votre avis, de quoi peut-il être question dans ce texte ?

Après la lecture

• **Géographie**
Cette histoire se passe en Allemagne, dans une région qui a un nom précis. Quel est le nom de cette région en allemand ? Et dans votre langue ? Qu'est-ce que le Feldberg ?

• **Les personnages**
Faites une liste des personnages dans l'ordre de leur apparition dans le texte.

• **Qui raconte ?**
Qui raconte l'histoire ? Que savez-vous de cette personne ?

• **Un voyage**
Il est question d'un voyage. Pourquoi est-il organisé ? Quand ? Est-il réussi ou non ?

• **Le personnel**
Dans un hôtel-restaurant, on trouve beaucoup de métiers différents. Relevez ceux qu'on rencontre ici. En connaissez-vous d'autres ?

• **Des mots d'allemand**
Dans le texte il y a quelques mots allemands. Que veulent-ils dire ?
Quel rôle jouent-ils dans l'histoire ?

L'Homme-venu-d'ailleurs

L'auteur

Né en 1928 aux Sables-d'Olonne, instituteur, puis professeur, Jacques Charpentreau a surtout écrit de la poésie (pour tous publics) et des récits pour les jeunes. Il est l'auteur d'anthologies très connues comme *Poèmes d'aujourd'hui pour les enfants de maintenant* et *La Nouvelle Guirlande de Julie*.

Avant la lecture

• Le titre
A quoi pensez-vous quand vous lisez le titre ? Que va-t-il se passer dans cette histoire, à votre avis ?

• La première phrase
La première phrase d'un texte est toujours très importante. Ici, cette phrase est très courte (*Du bois ! a commandé ma mère*) et pourtant elle apporte une information très riche au lecteur.

Notez tout ce que vous savez et essayez de dire pourquoi, à votre avis, la personne qui parle veut ce qu'elle veut et parle sur ce ton.

Faites une hypothèse. Comparez-la à celle d'autres lecteurs.

Après la lecture

• La personne qui raconte (l. 1 à 20)
Qui est la personne qui raconte cette histoire ? Notez tout ce que vous avez trouvé dans le texte à son sujet.

Comparez avec ce que vous avez noté après la première phrase.

• Une responsabilité importante (l. 13 à 20)
Au début de cette histoire il est question d'une responsabilité importante. Qui a cette responsabilité ? Qu'est-ce qu'il faut faire ? Pourquoi ?

• Des fonctions importantes (l. 8 à 12)
Dans cette société il y a des fonctions importantes occupées par des hommes. Que font ces hommes ?

● **La société** (l. 1 à 20)

Que savez-vous de la société où se passe cette histoire ?
Comment est-elle organisée ?

● **Le personnage central** (l. 25 à 90)

Cette histoire tourne autour d'un personnage central qui
ne fait rien comme les autres. Donnez des exemples. Pourquoi est-il comme ça ?

On ne le comprend pas toujours. Pourquoi ?

● **Les questions des enfants** (l. 64 à 180)

L'homme raconte mais les enfants l'arrêtent souvent parce
qu'ils ne comprennent pas tout ce qu'il dit. Quels mots ne
comprennent-ils pas ?

● **Ce qu'ils ne peuvent pas comprendre** (l. 181 à 237)

Au bout d'un moment les enfants ne posent plus de questions. Mais il y a beaucoup de choses qu'ils ne peuvent pas
comprendre. Lisez la fin du texte et dites lesquelles, à votre
avis.

● **Le pays de l'homme** (l. 166 à 223)

Comment vit-on dans le pays de l'homme-venu-d'ailleurs ? La vie est-elle différente dans votre pays ?

● **Quand ?**

A votre avis, quand cette histoire se passe-t-elle ?
Aujourd'hui, dans un passé très ancien ou bien dans le
futur ?

La Main sur l'épaule

L'auteur

Né en 1939 à Montbéliard, Michel Louis est enseignant de français. Il vit en Suède depuis 1960. Il écrit surtout pour la radio.

Avant la lecture

• Le titre
Il y a des actes qu'on ne fait pas par hasard, ils ont une signification précise. Mettre la main sur l'épaule de quelqu'un par exemple. Dans quelles situations met-on la main sur l'épaule de quelqu'un ? Qu'est-ce qu'on veut, qu'est-ce qu'on exprime en faisant cela, à votre avis ?

Et maintenant, imaginez ce qui peut se passer dans la nouvelle.

Après la lecture

• Le narrateur
Le narrateur est la personne qui raconte l'histoire.

Que savez-vous ici du narrateur ? Sexe, âge, profession, lieu de résidence, habitudes, etc.

Vous ne trouverez pas toutes les réponses dans le texte. Réfléchissez, faites des hypothèses.

• Les personnages
Quels sont les principaux personnages de cette nouvelle ?

• Pas en forme
Le narrateur n'est pas en forme au début. Pourquoi ? Qu'est-ce qui le montre ?

Etudiez le texte (l. 1 à 28) et notez tous les détails concrets que vous trouvez.

• Je
Relisez le début du texte (l. 1 à 33) et comptez toutes les phrases où il n'y pas les mots *"je"*, *"me"* et *"moi"*. Combien y en a-t-il ? Quelles sont ces phrases ?

• Nous
A un endroit précis du texte le narrateur ne dit plus *"je"* mais *"nous"*. Où exactement dans le texte ? Pourquoi ?

• Une main sur l'épaule
Le narrateur sent tout à coup une main sur son épaule. Quelle est sa réaction ? Pourquoi ? Comment interprétez-vous cela ? Comparez cette situation de la nouvelle aux situations imaginées par vous avant la lecture.

L'Œuf

L'auteur (voir p. 61)

Avant la lecture

• Le titre
L'œuf est une nouvelle de science-fiction. Imaginez de quel genre d'œuf il peut être question ici.

• Les premières lignes
Après avoir lu les trois premières lignes vous savez déjà beaucoup de choses sur l'histoire et vous pouvez répondre à des questions comme celles-ci :
- Combien de personnages y a-t-il dans cette histoire ?
- Qui sont-ils ?

- Que se passe-t-il ?
- Que va-t-il se passer ?
- Les personnages ont-ils des raisons d'être inquiets ?

La suite du texte donne de nouvelles informations. Lisez les lignes 4 à 8. Reprenez la question : les personnages ont-ils des raisons d'être inquiets ? Vous pouvez certainement compléter votre réponse.

Après la lecture

• Les personnages

Combien de personnages y a-t-il ? Qui sont-ils ? Que savons-nous d'eux ? Quels mots l'auteur utilise-t-il pour parler d'eux ?

• Communication

Sylvain rencontre une personne extraordinaire et arrive à communiquer avec elle. Expliquez comment.

• Des appareils inconnus

Dans le texte sont présentés des appareils que nous ne connaissons pas encore. Décrivez-les, dites à quoi ils servent et comment ils s'appellent.

• Du vous au tu (l. 49 à 173)

La personne que Sylvain rencontre lui dit *vous* au début. Puis à un moment précis, elle change brusquement et lui dit *tu*. Quand ? A quel endroit dans le texte ? Comment expliquez-vous ce changement ?

• De l'humour ?

Aimez-vous cette nouvelle ? La trouvez-vous amusante ?
Si oui, cherchez dans le texte des passages ou des détails humoristiques.

L'Arme secrète

Les auteurs

Nés en 1936, Claude Held est venu à la littérature par la poésie, Jacqueline par le roman, la nouvelle et le conte. Ils publient tantôt séparément, tantôt ensemble.

Avant la lecture

• Le titre

Les deux mots *arme* et *secrète*, font penser à beaucoup de choses.

Notez dans un tableau tout ce qu'ils évoquent pour vous.

Présentez les mots que vous avez trouvés à d'autres lecteurs et comparez.

Faites ensuite une hypothèse sur l'histoire.

• Les deux premières phrases

L'endroit est calme. Pourtant on murmure des choses.

Regardez d'abord, si nécessaire, les mots *endroit* et *murmurer* dans un dictionnaire et posez-vous des questions : quel est l'endroit ? où se passe cette histoire ? qu'est-ce qu'on murmure, et pourquoi ?

Faites des hypothèses. Comparez vos réponses avec celles d'autres lecteurs.

• On murmure des choses

Il y a parfois des rumeurs qui circulent. Où naissent-elles ? Comment ? Pourquoi ? Qui les fait circuler ? Donnez des exemples.

Après la lecture

• Une arme et le secret
Observez le texte. Cherchez-y :
- ce qui peut se rapporter (faire penser) au secret,
- ce qui peut se rapporter à une arme.

• La machine
On peut caractériser une chose qu'on ne connaît pas de plusieurs manières, par exemple : par son nom, par sa forme, par sa fonction.

Dans cette histoire il est question d'une machine inconnue : quel est son nom ? comment est-elle (forme) ? à quoi sert-elle (fonction) ?

• Déçus
Le jour de l'inauguration les spectateurs sont déçus. Pourquoi, à votre avis ?

Une rose dans la neige

L'auteur

Né en 1919, à Toulouse, Pierre Gamarra, journaliste après la seconde guerre mondiale, s'installe à Paris en 1949. Actuellement il est rédacteur en chef de la revue *Europe*.

Il a beaucoup écrit : un recueil de poésie, de nombreux romans, mais aussi des histoires de toutes sortes pour les enfants (*Six colonnes à la une, Douze tonnes de diamant*).

Avant la lecture

• Le titre
Ce titre vous surprend-il ? Pourquoi ?

Il évoque une image. Décrivez l'image que vous voyez.
Où peut-on voir des roses dans la neige, à votre avis ?

• Des mots pour la montagne
Si on parle de montagne, à quoi pensez-vous ? Notez tous
les mots qui vous viennent à l'esprit.

• L'instituteur
Regardez ce mot dans un dictionnaire ou une encyclopé-
die. L'instituteur travaille avec des jeunes. Quel âge ont ces
jeunes ? Que fait l'instituteur exactement ? Où travaille-t-
il ? Où habite-t-il encore très souvent ?

Après la lecture

• Le narrateur, le ou les personnages
Le narrateur est la personne qui raconte l'histoire. Que
savez-vous du narrateur ici ? Est-ce un homme, une femme ?
La place du narrateur par rapport au(x) personnage(s) de
l'histoire est très importante. Quelle est la situation dans ce
texte ? Le narrateur le(s) voit-il de l'extérieur, de l'intérieur ?

• Les cinq sens
L'auteur a largement utilisé les cinq sens pour construire
ce texte : l'odorat (le nez), la vue (l'oeil), l'ouïe (l'oreille),
le toucher (la peau), le goût (la langue).
Etudiez le début du texte (l. 1 à 63) et dites à quel sens
les différents passages du texte s'adressent.

• Le cadre (l. 1 à 36)
Qui raconte ? Où cette personne est-elle au début ? C'est
quel jour ? Que fait cette personne ? Quel temps fait-il ?

• L'événement (l. 37 à 103)
Il se passe tout à coup quelque chose. Quoi ? Le narrateur s'échappe. Comment ? Pourquoi, à votre avis ?

Comment comprenez-vous cet événement ? Qu'est-ce qu'il se passe en réalité ?

• La neige

Un mot revient tout au long du texte : *neige*. Il y a aussi des images pour ce mot. Cherchez-les. Pouvez-vous en trouver d'autres ?

Dans le texte il y a d'autres images et comparaisons. Donnez-en quelques exemples.

• Des mots pour la montagne

Cherchez dans le texte tous les mots qui touchent spécialement la montagne. Lequel/lesquels préférez-vous ? Pourquoi ?

• Résumé

Résumez cette nouvelle en choisissant un certain nombre de phrases-clés dans le texte. Vous pouvez couper certaines phrases si vous le souhaitez, mais ne changez rien à l'ordre des mots.

Voici un exemple, pour le début du texte :

Là-bas, très loin de moi, se dressent les plus hautes cimes des Pyrénées. Chaque jour, je regarde ces hautes crêtes. Aujourd'hui, c'est le silence et je rêve. Je suis seul dans la maison d'école. C'est dimanche. Le vent hurle. La neige descend brusquement sur le village...

• Formules de politesse

A la fin on trouve des formules de politesse toutes faites. Dites quand on les utilise et ce qu'elles représentent ici.

A votre avis, pourquoi sont-elles à cette place ? Quelle fonction ont-elles dans le texte ?

Trois de mon enfance

L'auteur

Né à Paris en 1933, Bertrand Solet travaille dans une importante société française où il est chef du service de documentation. Il se passionne pour "tous ceux qu'on méprise et qu'on opprime", les Tsiganes par exemple, sur lesquels il a écrit le roman *D'où viens-tu, Tsigane ?*, les esclaves (*Les Révoltés de Saint-Domingue*) ou le capitaine Dreyfus (*Il était un capitaine*).

Avant la lecture

Les trois textes de Bertrand Solet, *Robert-marchand-de-clous, Hélène* et *Cellule trente-cinq*, portent sur le même thème : la deuxième guerre mondiale et la déportation. Que savez-vous de cette période ?

Robert-marchand-de-clous

Après la lecture

• **Les événements historiques**
Dans ce récit il est question d'événements historiques graves. Lesquels ?

• **Les personnages**
Combien de personnages y a-t-il ? Quel est le personnage principal ? Comment s'appelle-t-il ? Pourquoi ?

• **Comment ? Où ?**
Comment Robert a-t-il quitté son pays ?
Où est-il allé ? Combien de kilomètres a-t-il fait ? (Consultez un atlas).

- **Un travail dangereux**

Un jour le héros de cette histoire fait un travail très dangereux. Quel travail ? Que fait-il concrètement ?

- **Une notice biographique**

Avec ce que vous connaissez de Robert, rédigez une courte notice biographique, avec date et lieu de naissance, etc.

Hélène

Après la lecture

- **Sur Hélène**

Dans le texte il y a des informations sur la situation de famille d'Hélène, sur la ville où elle habite, sur son métier, etc. Notez ce que vous savez sur ce personnage.

- **Des mots**

Voici la définition d'un mot. Trouvez dans le texte le mot qui correspond à cette définition.

> Des hommes de main que des personnes ou des organisations subversives engagent (et payent) pour réaliser des actions politiques violentes et illégales.

Voici un texte où il manque un mot (un verbe). Ce mot est dans l'histoire. Cherchez-le.

> Quand une autorité prend une chose (ou un bien) qui ne lui appartient pas sans demander l'avis du propriétaire de cette chose, on dit que cette autorité .... ce bien ou cette chose.

- **La police** (l. 53 à 61)

Un jour la police arrête Hélène. Dans quelles circonstances ?

Pourquoi ? Selon vous, est-ce la police française ou la police allemande ?

• **Le temps des verbes, le découpage du texte**

Les verbes du texte sont presque tous au même temps. Quel effet cela produit-il ? Pourquoi ?

Etudiez le découpage, les différents lieux, les différentes étapes de cette histoire. A quoi cela vous fait-il penser ?

Cellule trente-cinq

Avant la lecture

• **Le titre**

D'après le titre, de quoi va-t-il être question, à votre avis ? Notez toutes vos idées.

Après la lecture

• **Les personnages**

Combien de personnages importants y a-t-il dans cette histoire ? Qui sont-ils ? Que savez-vous de ces personnes ?

• **La seconde guerre mondiale**

En mai 1944 depuis combien de temps déjà la guerre dure-t-elle ? Combien de temps encore va-t-elle durer ?

• **Les politiques**

A Fresnes il y a des prisonniers de droit commun (les *droits communs*) et des prisonniers politiques (les *politiques*). Quelle est la différence ?

Qui sont les *politiques* dans ce texte ? Comment sont-ils traités ? Ils passent dans cette prison. Qu'est-ce qui les attend après ? Pourquoi Louis est-il là ?

• **La Marseillaise**

Parfois on entend la Marseillaise. Quand et pourquoi ?

L'Homme des herbes

L'auteur (voir p. 62)

Avant la lecture

• **Géographie**

L'histoire se passe sur les bords du lac Tchad. Où se trouve
le lac Tchad ? Cherchez de la documentation dans une ency-
clopédie ou un livre de géographie.

Après la lecture

• **Reconstituer trois textes**

Lisez le début du texte (l. 1 à 28), puis les 15 phrases ci-
dessous. Ces 15 phrases forment 3 textes différents, mais elles
sont mélangées, sans ordre. Ces trois textes racontent le début
de l'histoire selon des points de vue différents ; le point de
vue des trois personnages importants de l'histoire : le frère
aîné, la jeune femme, Maïna Réhé. Voici les 15 phrases :

(1) Il se marie.
(2) Il va se cacher dans une île du lac.
(3) Il reste très longtemps absent.
(4) Elle se remarie avec le frère de son mari.
(5) Il se marie avec la veuve de son frère.
(6) Elle a un enfant avec lui.
(7) Il revient au bout de trois ans.
(8) Il va à La Mecque.
(9) Il retrouve sa femme mariée à son jeune frère.
(10) Il quitte son village et sa femme.
(11) Elle l'attend trois ans.
(12) Son mari part en pélerinage.
(13) Son frère qui n'est pas mort revient.
(14) Elle se marie avec le fils aîné du chef.
(15) Il a un enfant avec elle.

Reconstituez les trois textes, dites à quel texte appartient chaque phrase. Mettez les cinq phrases de chaque texte dans l'ordre qui convient.

• Pourquoi ?

Voici trois questions sur une phrase des trois textes ci-dessus. Imaginez une réponse plausible, acceptable (tout n'est pas dit dans le texte).

(phrase 4) Elle se remarie avec le frère de son mari. Pourquoi ?
(phrase 7) Il revient au bout de trois ans. Pourquoi ?
(phrase 10) Il quitte son village. Pourquoi ?

• Résumé de la fin (l. 28 à 134)

On peut résumer la fin de l'histoire en 12 phrases. Voici ces 12 phrases :

- Il se cache dans une île.
- Il trouve une grande calebasse pleine de mil.
- Il prend cette calebasse comme bateau et part sur l'eau.
- Il arrive dans le pays où habitent les Saôs.
- Il reste quelque temps chez eux.
- Il se marie avec Sado Saorom, fille du chef.
- Il retourne de nuit dans son village.
- Il emmène son troupeau dans son île.
- Il est poursuivi par son frère et les gens du village.
- Il est reconnu.
- Il est invité à revenir avec sa femme au village.
- Il préfère rester dans son île.

A ces phrases correspondent 6 titres (un titre pour deux phrases) qui représentent 6 étapes (6 parties) importantes de cette histoire.

1. L'île   4. Le troupeau
2. Le voyage sur le lac   5. La poursuite
3. La vie chez les Saôs   6. Le choix

Trouvez les phrases qui correspondent à chacun de ces titres.

• Il était une fois

Racontez l'histoire en commençant par *Il était une fois…*, *Un jour…*

Permis de vacances

L'auteur

Née en 1939 à Millau (Aveyron), Anne-Marie Chapouton a passé toute sa jeunesse à l'étranger (Tunisie, Pays-Bas, Etats-Unis). Elle mène, aujourd'hui dans le Lubéron, une double vie d'écrivain et de traductrice. Son livre le plus connu est sans doute *L'Année du mistouflon*.

Avant la lecture

• La liberté pour moi

Etre libre, qu'est-ce que c'est, pour vous ?
Exemple : La liberté pour moi, c'est partir à vélo sur les routes.

• Les vacances

Pendant les vacances, que faites-vous, qu'aimez-vous faire ?

Quels sont vos projets pour les prochaines vacances ?

Est-ce que dans votre pays tout le monde prend des vacances ?

• Le titre

L'expression *Permis de vacances* est surprenante. Sans lire le texte, essayez d'imaginer de quoi il peut être question.

• Les mots en majuscules

Ne lisez pas encore le texte, regardez-le seulement et notez tous les mots en majuscules. De quoi va-t-il être question, à votre avis ?

Comparez votre version de l'histoire avec celle d'autres lecteurs.

Après la lecture

• Le personnage principal et son environnement

Lisez le début de l'histoire (l. 1 à 68). Quel est le personnage principal ?

Où vit-il ? Où travaille-t-il ? Comment ? Que savez-vous de son environnement ?

• Une chose importante (l. 28 à 47)

Combien de permis le personnage de cette histoire a-t-il ? Que peut-il faire avec ces permis ?

Qu'est-ce que cela vous apprend sur la vie dans cette ville ?

• Combien de secondes ? (l. 56 à 61)

On donne au personnage principal un certain nombre de secondes. Combien en chiffres ?

a) 3628016   c) 36296   e) autre possibilité
b) 3629   d) 36906

Que va-t-il faire de ce temps ?

• De l'autre côté (l. 69 à 172)

Que fait le personnage principal quand il arrive de l'autre côté ?

Voici quelques phrases incomplètes et sans ordre. Complétez ces phrases et mettez-les dans l'ordre du texte.

a) il entend cette voix désagréable.
b) il se retourne.
c) il vient de s'allonger.
d) il se met à observer.

• Une rencontre (l. 69 à 172)

Le personnage principal du début rencontre quelqu'un. Qui est cette personne ? Que savez-vous d'elle ?

• Jeux, sports, besoins (l. 116 à 148)

Qu'est-ce qu'on propose aux deux personnages de faire ? Quels jeux, quels sports ? Que font-ils ? De quoi ont-ils besoin en fait ?

- **Ils se rapprochent** (l. 92 à 217)

  Ils se rapprochent l'un de l'autre. Qu'est-ce qui le montre ? Quand cela arrive-t-il ? Pourquoi, à votre avis ?

- **Les Gardes**

  Les Gardes jouent un rôle important. En quoi consiste leur travail ?

- **La fin**

  Que font les deux personnages tout à la fin ?

  Que pensez-vous de cette fin ? Parlez-en avec d'autres lecteurs. Que va-t-il se passer après ?

Itinéraires de lecture

Une bonne coupe

Le titre

Coupe : verre à boire, récipient à pied très bas, prix qui récompense le vainqueur d'une compétition sportive mais aussi action ou manière de couper des arbres, un tissu pour en faire un vêtement, les cheveux, action de séparer en deux un jeu de cartes, etc.

Les personnages

Six : une jeune fille, Nathalie, son ami René, la mère de René, Mme Flamant, une boulangère, le père et les grands-parents de René.

Les personnages principaux : René et Nathalie.

Le narrateur

Le narrateur raconte l'histoire du point de vue de René, il connaît tout sur lui : il est *consterné* quand sa mère lui demande de faire des commissions (l. 45), *ému* par une proposition de Nathalie (l. 79), on sait à quoi il pense quand il est chez Nathalie (l. 92 à 96), comment il réagit quand elle a terminé (l. 138 à 146) et quand elle lui dit qu'il lui plaît (l. 149 à 151).

Quatre lieux

René est d'abord *chez lui* (l. 1 à 58), puis il va *chez Nathalie* (l. 59 à 158). Il quitte Nathalie pour aller *à la boulangerie* (l. 165 à 173) et il rentre *chez lui* (l. 174 à 207).

La partie la plus longue : chez Nathalie.

Vocabulaire de l'école

Devoirs (l. 1), exercices de math, résumé de géographie et rédaction (l. 5-6), cahiers et livres, règle et stylo (l. 86), sujet de rédaction (l. 97), cahier de textes (l. 98), dicte (l. 101), énoncé (l. 117).

Quel sacrifice ?

Mme Flamant demande à son fils de ne pas aller au cinéma et de rester à la maison ce soir. René fait le sacrifice de ses cheveux.

Les émotions de René

Il est successivement consterné (l. 45), en colère (l. 56), découragé (l. 59 à 65), ému (l. 79), stupéfait (l. 138 à 140), avant de retrouver son aplomb devant sa famille (l. 180).

Aminata et Aïri

Les personnages

Deux femmes touarègues (Aminata et Mariamma), le mari d'Aminata (Aïri), le mari de Mariamma (son nom n'est pas donné dans le texte) et d'autres hommes, soupirants de Mariamma.

La fête

Mariamma donne une fête pour célébrer son divorce et rencontrer un nouveau mari. Les invités viennent avec un taureau. Chacun tue son taureau et dit un poème pour Mariamma. Il semble que la fête dure longtemps, plusieurs jours peut-être (l. 17 à 30).

Un oiseau allemand

Géographie

Cette histoire se passe dans la Forêt-Noire (l. 7), massif montagneux d'Allemagne fédérale, son nom en allemand est *Schwarzwald*, le point le plus haut est le Feldberg (1493 m).

Les personnages

Nous : c'est-à-dire une femme et son mari Pierre (l. 6), le réceptionniste (l. 19), la serveuse (l. 43), le portier (l. 111), le barman de l'hôtel (l. 139).

Le personnel

Le réceptionniste (l. 19), la serveuse (l. 43), le portier (l. 111), le barman (l. 139).

Des mots d'allemand

Spatz, moineau (un oiseau très courant) et *Spass*, plaisanterie. Il y a un malentendu entre la jeune femme et le portier : (elle utilise *Spass* au lieu de *Spatz*). La phrase : *Es ist ein Spass* veut dire : "C'est une plaisanterie".

L'Homme-venu-d'ailleurs

La première phrase

La personne qui raconte l'histoire est un enfant, fille ou garçon, (qui dit *ma mère*), la personne qui prend la parole au début de cette histoire est la mère de cet enfant.

Elle s'adresse certainement à des gens qui lui sont inférieurs, elle ne demande rien, elle commande. Elle parle sur un ton autoritaire et assez brutal (*du bois !*). Elle veut que son enfant et/ou d'autres personnes ramassent du bois. Pourquoi ? Peut-être parce que le bois est très important et qu'elle en a besoin.

La personne qui raconte

C'est un garçon, l'aîné d'une famille de six enfants. Avec ses deux frères et ses trois sœurs, il ramasse du bois dans la forêt (l. 16-17). Il a la responsabilité de ce travail (l. 17 à 20). Il habite dans une grotte très sombre (l. 2 à 5).

Une responsabilité importante

Le garçon qui raconte l'histoire a une responsabilité importante : il doit ramasser du bois dans la forêt avec ses frères et sœurs. Il doit aussi les surveiller (l. 16 à 20). Si on laisse mourir le feu, on risque la mort (l. 14-15). Le garçon raconte qu'un de ses cousins a été tué pour cette raison (l. 41 à 42).

Des fonctions importantes

Dans cette société les fonctions de guetteur (l. 9), chasseur (l. 12), guerrier (l. 45), chef (l. 49), médecin ou sorcier (l. 89) sont occupées par des hommes.

La société

Cette société est organisée en tribus (l. 28) qui vivent de la chasse (l. 8 à 12). La vie de chaque tribu est réglée jusque dans les plus petits détails : les femmes s'occupent des enfants, du feu, et peut-être de l'habitation commune, qui est une grotte (l. 208 à 212), les hommes vont à la chasse ou font la guerre (l. 8 à 12, l. 110, 209). Il y a un homme vieux et sage qui est le chef (l. 49). Le feu joue un rôle capital dans cette société, il ne faut pas le laisser mourir (l. 14-15, 41 à 45, 234 à 236), sans doute parce qu'il est très difficile de le rallumer.

Le personnage central

Il n'est pas habillé de peaux de bêtes ou d'herbe tressée mais de peaux très souples et peu résistantes (l. 31 à 35). Il trace des lignes sur la terre (l. 36-37). Il ne connaît pas tous les mots de la langue du pays où il est (l. 60). Il sait allumer le feu avec une pierre spéciale (l. 44-45). Il ne sait pas faire un javelot, un arc, un piège, une hache (l. 51-52). Il invente des histoires merveilleuses (l. 53).

Les questions des enfants
Une machine : comme la pierre à feu, quelque chose qui fait le travail à la place de quelqu'un (l. 91 à 98).
La télévision : une machine qui permet de voir et d'entendre ce qui se passe au loin (l. 101 à 116).
Le Pôle ? Le Sahara ?

Ce qu'ils ne peuvent pas comprendre
Par exemple : les images en relief (l. 182-183), un zoom (l. 189), le salon, un fauteuil, un programme, les hommes préhistoriques (l. 194 à 198), un procédé, reconstitution des personnages, incrustation sur pellicule, le paléolithique supérieur (l. 201 à 204), la préhistoire (l. 205), le béton, les fenêtres, la pollution, un climatiseur, des factures, régler, des impôts, payer, une moto, un garage, les pneus, des amendes, un téléphone, un compte en banque (l. 216 à 222).

La Main sur l'épaule

Le narrateur
C'est un homme (l. 7 par exemple) qui habite dans la banlieue d'une ville (l. 2). Il travaille dans un bureau (l. 16 par exemple). Tous les matins il prend le train (l. 3) pour aller travailler. C'est un habitué : il a une place à lui dans ce train (l. 92). Ce voyage dure environ une heure (l. 3), donc la ville où il travaille est certainement très grande. Il est jeune, ou vieux, c'est difficile à dire mais il vit seul, semble-t-il, et il a des habitudes, on dirait même qu'il a besoin d'avoir des habitudes. Il n'est pas "du matin", il a beaucoup de mal à se réveiller et à se mettre en route le matin (l. 4).

Les personnages
L'homme qui raconte et un policier en uniforme (l. 62-63).

Pas en forme

Il est fatigué (l. 4) comme tous les matins, ce matin il s'est même réveillé en retard. Il s'est rasé et habillé à toute vitesse (l. 6-7), il n'a pas eu le temps de mettre sa cravate (l. 7) et il n'a rien mangé, il n'a même pas bu de café (l. 9). Il a été à la gare en courant (l. 10). Dans le train il somnole mais il n'ose pas dormir pour ne pas manquer l'arrêt (l. 12 à 14).

Je

Dans ce passage sur un total de 29 phrases, il y a 9 phrases sans *je, moi, me.*

Nous

Le narrateur dit *nous* à partir de la (l. 34). Il n'est plus isolé, mal réveillé, assis à *sa* place dans son train de banlieue : il est en ville maintenant, dans la foule, et comme tout le monde il marche dans la rue.

Une main sur l'épaule

Il a peur (l. 60 : *je sursaute, pris de panique*), il pense qu'il a fait une faute.

L'Œuf

Les premières lignes

Il y a deux personnages : Sylvain et Sophie. Ils sont quelque part en dehors d'une ville ou d'un village. Ils voient tout à coup un éclair : un orage va peut-être éclater ? On ne comprend pas encore pourquoi ils sont inquiets. Peut-être ont-ils peur de l'orage ?

Les lignes suivantes apportent des précisions importantes. On sait maintenant pourquoi Sylvain et Sophie sont inquiets : il n'y a pas un seul nuage, le ciel est bleu, en principe l'orage est impossible.

Les personnages

Ils sont quatre. Sophie est fille de paysans (l. 15), elle habite à la campagne. Sylvain est un jeune homme ami de Sophie, il est *parisien* (l. 19). Il y a aussi deux personnages qui ne sont pas des hommes (l. 65). L'un semble être un responsable, un chef : dans le texte il est successivement *l'inconnu* (l. 69), *la créature* (l. 74), *l'être étrange* (l. 80), *l'extra-terrestre* (l. 95). Le second est *X.P.637* (l. 83), *envoyé* en mission (l. 85), *un cosmonaute* (l. 107) mais sur terre il n'est qu'un *inconnu* (l. 164) qui a l'air d'un *motocycliste* (l. 157).

Communication

Sylvain ne parle pas, il communique avec l'inconnu en pensant (l. 74-75).

Des appareils inconnus

Il y en a deux. Le *transmetteur individuel* qui ressemble à un œuf (l. 83) et permet des déplacements instantanés dans l'espace, mais sur des distances relativement courtes : avec cet appareil un cosmonaute peut quitter son engin spatial et y revenir très vite (l. 92-93). Le second appareil n'a pas de nom dans le texte : il ressemble à un placard, il a un écran. Il analyse les produits alimentaires et trouve leur composition atomique (l. 124 à 134) et les plantes avec lesquels on les a faits.

Du vous au tu

L'inconnu commence à dire *"tu"* à Sylvain quand il découvre deux plantes nouvelles que l'on peut cultiver sur sa planète. Il est très satisfait (l. 135 à 139).

L'Arme secrète

On murmure des choses

En France, les rumeurs naissent et se développent dans les endroits publics : les magasins, les cafés, les bureaux , etc.

Une arme et le secret

ce qui évoque le secret	*ce qui évoque une arme*
• on murmure des choses (l. 1) • il y a de drôles de bruits… (l. 4) • on m'a dit que c'était interdit d'approcher (l. 6) • parlez plus bas (l. 8) • on nous regarde (l. 8) • il y a des étrangers dans la vallée (l. 12) • il paraît… (l. 16)	• il y a des gardes, des sentinelles (l. 7) • ils fabriquent une machine (l. 13-14) • secret militaire (l. 14) • c'est peut-être bien une fusée ou une bombe atomique (l. 15-16) • c'est un engin comme on n'en a jamais vu (l. 17)

Une rose dans la neige

L'instituteur

Un instituteur est une personne qui enseigne dans les classes primaires ou élémentaires à des élèves qui ont de 6 à 11 ans (âge de l'entrée au collège). Les instituteurs sont chargés d'apprendre à lire, à écrire et à compter. Ils travaillent dans des bâtiments qu'on appelle des écoles. A la campagne, l'instituteur est encore souvent logé dans l'école où il travaille.

Le narrateur

Dans ce texte tout est vu du point de vue du narrateur : les personnes, les événements. Le narrateur dit *je*, il est le personnage principal. C'est un homme, il est instituteur (l. 22), il voit tout le monde de l'extérieur.

Les cinq sens

• ouïe : l. 1 (*Ecoute*), 2-3 (*Les Pyrénées semblent se taire. Elles se taisent*), 21 (*c'est le silence*), 22 (*La cloche n'a pas sonné*), 24 à 26 (*Le vent hurle ... pour se réchauffer*), 27 (*Le vent se tait tout à coup et je tends l'oreille*), 29 (*Une main va-t-elle cogner à ma porte ?*), 30-31 (*Une voix va-t-elle m'appeler ? ... me demander*), 35-36 (*...quand on écoute gronder la bise*), 37 à 39 (*Soudain, le vent s'efface... à la fois*), 46 à 52 (*Derrière moi, le feu pétille, craque, chuchote... agréable*).

• toucher : l. 1 (*Il fait froid ce soir*), 2 (*Le vent est glacé*), 6 (*Le vent qui arrive d'Espagne a perdu sa chaleur*), 34-35 (*quand il fait froid, l'amitié est encore meilleure*), 43 (*Ma tête est remplie de coton froid*).

• odorat : l. 3-4 (*Ce vent qui m'arrive... poivron*), 7 (*ses odeurs d'Espagne*), 56 à 62 (*La neige m'apporte un parfum inconnu... tous les parfums du ciel*).

• vue : l. 6-7 (*ses couleurs*), 9 à 20 (*Là-bas très loin de moi... mouchoirs...*), 40 à 43 (*Et la neige descend... blanche de neige*).

• goût : l. 32-33 (*as-tu du pain frais pour moi... du vin ?*), 34 (*Le vin est bon*).

Le cadre

C'est un instituteur qui parle. Il habite dans une maison d'école (l. 8), dans un village (l. 40) des Pyrénées (l. 1). C'est l'hiver. Il est chez lui, seul (l. 22), un dimanche (l. 23), il écoute le vent froid souffler (l. 24), il tourne le dos à son feu (l. 46) et il regarde par la fenêtre (l. 11).

L'évènement
Le vent se tait tout à coup et dans le plus grand silence la neige commence à tomber. Alors l'instituteur-narrateur devient neige et s'en va dans l'espace (l. 63 et l. 87).

La neige
Images pour la neige : de la laine blanche (l. 16), du coton froid (l. 43).
Autres images et comparaisons : la soie fauve et brune (l. 14), les bijoux de glace (l. 15), un petit train pareil à un jouet d'enfant (l. 18), des prés qui ressemblent à des mouchoirs (l. 20), le vent pleure comme un renard… (l. 25), la Garonne est un fil d'argent (l. 94), les plaines de velours (l. 94-95), vignes de bronze et de cuivre (l. 97), pêches de satin doré (l. 98).

Des mots pour la montagne
Les Pyrénées (l. 1), des champs de neige (l. 5), la vallée (l. 8), les cimes (l. 9), les crêtes (l. 12), la neige (l. 40), la prairie en pente, le torrent (l. 66), la pente (l. 81), les Alpes, le Jura, les Carpates (l. 89).

Trois de mon enfance

Robert-marchand-de-clous

Les personnages
Dans cette histoire il y a un seul personnage, Robert, un jeune homme d'origine polonaise. Il n'a pas d'autre nom : au cours de son voyage difficile de Pologne en France, il a perdu tous ses papiers (l. 17 à 19). Au début de son séjour en France, il vend des clous sur les marchés : on lui donne donc le nom de Robert-marchand-de-clous (l. 21).

Un travail dangereux
Robert s'occupe de la propagande parmi les soldats polonais qui sont dans l'armée allemande. La plupart des Polonais détestent porter l'uniforme allemand. Robert, qui est Polonais lui aussi, va les voir, leur parle en polonais de la guerre, de la Résistance, les encourage peut-être à déserter, etc.

Une notice biographique
Prénom et nom : Robert-marchand-de-clous.
Date et lieu de naissance : né en 1920 ou 1921 en Pologne.
Date et lieu du décès : mort en 1943 à Grenoble (Isère).

Hélène

Sur Hélène
Hélène est mariée mais, au début de l'histoire, elle vit seule avec son fils, qui a cinq ans (l. 4-5). Son mari, prisonnier de guerre, est en Allemagne (l. 7). Elle habite dans un petit appartement au cinquième étage d'un immeuble sous les toits (l. 55-56), très certainement à Paris (puisque toute cette histoire se passe dans cette ville). Elle travaille dans un atelier de confection (l. 3). Elle est d'origine juive (l. 12).

Des mots
1. des nervis (l. 15) - 2. réquisitionne (l. 18).

La police
Un jour des policiers l'arrêtent dans la rue et la conduisent chez elle pour perquisitionner (l. 55 à 59). Peut-être sont-ils à la recherche d'armes, de documents, de papiers, de renseignements sur la Résistance ? Il peut s'agir de policiers français comme de policiers allemands : à cette époque le gouvernement français officiel collaborait avec les nazis.

Le temps des verbes, le découpage du texte
La plupart des verbes du texte sont au présent. Le lecteur voit l'histoire se passer sous ses yeux.
Chaque paragraphe est un peu comme le texte d'accompagnement (la légende) d'une image. Cette histoire ressemble au scénario d'une bande dessinée.

Cellule trente-cinq

Les personnages
Louis Jaconelli, un jeune résistant de 18 ans qui habite Aubervilliers, commune de la banlieue nord-est de Paris (l. 27-28). Rolande, la femme qu'il aime (l. 31-32).

La seconde guerre mondiale

Elle a commencé en septembre 1940. En mai 1944 elle dure depuis 45 mois, c'est-à-dire plus de trois ans et demi. Elle s'est terminée le 8 mai 1945. En mai 1944 il reste donc encore un an de guerre.

Les politiques

Les prisonniers de droit commun sont en prison parce qu'ils ont été condamnés ou attendent d'être jugés pour des crimes ou des délits (des vols par ex.). Les prisonniers politiques, eux, sont en prison à cause de leur action politique ou de leurs idées. Dans ce texte, les "politiques" sont les résistants qui luttent contre les nazis et leurs collaborateurs (l. 6). A Fresnes, les résistants sont interrogés, torturés (l. 8). Certains attendent là d'être envoyés dans un camp de concentration, comme Louis Jaconelli (l. 54), ou bien exécutés (l. 20).

La Marseillaise

C'est l'hymne national français. Certains matins à Fresnes, quand on exécute des prisonniers politiques, ceux qui restent chantent la Marseillaise (l. 21) pour leur donner du courage, leur dire un dernier adieu, manifester leur solidarité, leur volonté de résister.

L'Homme des herbes

Reconstituer trois textes
• *Le frère aîné*
1) Il se marie.
8) Il va à La Mecque.
3) Il reste très longtemps parti.
7) Il revient au bout de trois ans.
9) Il retrouve sa femme mariée à son jeune frère.
• *La jeune femme*
14) Elle se marie avec le fils aîné du chef.
12) Son mari part en pélerinage.
11) Elle l'attend trois ans.
4) Elle se remarie avec le frère de son mari.
6) Elle a un enfant avec lui.
• *Maïna Réhé*
5) Il se marie avec la veuve de son frère.
15) Il a un enfant avec elle.
13) Son frère qui n'est pas mort revient.
10) Il quitte son village et sa femme.
5) Il va se cacher dans une île du lac.

Pourquoi

4) Elle se remarie avec le frère de son mari parce que c'est la coutume et qu'une femme ne peut pas vivre seule (l. 14 à 16).

7) Il revient au bout de trois ans parce que le voyage a peut-être été difficile, parce qu'il a été malade, parce qu'il a été retenu prisonnier en chemin, ou parce que… à vous de trouver.

10) Il quitte son village parce qu'il a honte, parce qu'il n'a pas attendu assez longtemps le retour de son frère, parce qu'il s'est marié trop vite avec la femme de son frère (l. 22 à 25).

Résumé de la fin
- *L'île*

Il se cache dans une île.

Il trouve une grande calebasse pleine de mil.
- *Le voyage sur le lac*

Il prend cette calebasse comme bateau et part sur l'eau.

Il arrive dans le pays où habitent les Saôs.
- *La vie chez les Saôs*

Il reste quelque temps chez eux.

Il se marie avec Sado Saorom.
- *Le troupeau*

Il retourne de nuit dans son village.

Il emmène son troupeau dans son île.
- *La poursuite*

Il est poursuivi par son frère et les gens du village.

Il est reconnu.

Le choix

Il est invité à revenir avec sa femme au village.

Il préfère rester dans son île.

Permis de vacances

Le personnage principal et son environnement

Ludo est le personnage principal du début de cette histoire (l. 12). Il habite Ville-Ville (l. 1). Cette ville est entourée de grandes terres vides, où rien ne pousse et où personne ne va (l. 4-5), et d'un mur de métal (l. 9). Pour circuler dans cette ville il existe un train aérien (l. 2). Ludo travaille dans une usine (l. 19-20). On sait en tout cas qu'il travaille bien : on vient de lui donner une récompense réservée aux bons travailleurs (l. 11) : c'est la première fois qu'il reçoit cette récompense (l. 12).

Une chose importante

Ludo a 8 permis au total : *un permis de conduire aérien* (l. 31) qui lui permet sans doute de voler, *un permis de repas quotidiens* (l. 31) qui lui donne le droit de manger tous les jours (?), *un permis d'achat de vêtements de travail* (l. 32), *un permis de marche dans la ville principale des villes de l'est* (l. 32-33), *un permis de course à pied en dehors des heures de travail* (l. 33-34), *un permis de piscine* (l. 34), *un permis spécial* pour porter un chapeau de paille au lieu de la casquette réglementaire (l. 38-39) et enfin *un permis de vacances* qui va lui permettre de sortir de Ville-Ville pour passer dix heures en liberté (l. 47).

Tout dans cette ville semble très réglementé : il faut un permis pour faire les choses les plus élémentaires (marcher dans la rue ou porter un chapeau de paille). On a l'impression que les gens qui y habitent n'ont pas l'habitude d'être libres : Ludo par exemple a reçu la plus grande récompense possible pour les bons travailleurs (un petit moment de liberté) mais il ne sait pas ce qu'il doit faire (l. 62-63).

Combien de secondes ?

On lui donne 36 296 secondes.

De l'autre côté

c) (l. 73), a (l. 77), d (l. 80), b (l. 89).

Une rencontre

Ludo rencontre une jeune fille (l. 89). C'est une ouvrière des usines secrètes souterraines : il le voit à la couleur de son visage et à son air fatigué (l. 90-91). Elle s'appelle Eva (l. 109). Elle a gagné 36 297 secondes de vacances (l. 110-111).

Jeux, sports, besoins

On leur propose de faire du bateau (l. 118), de faire du ski (l. 121), de voler (l. 126), de jouer aux cartes (l. 133), de jouer à être des cow-boys (l. 136).

Ils ne font rien de tout cela : cachés derrière des buissons, ils parlent.

Eva dit qu'elle a surtout besoin de silence (l. 170-171), Ludo qui a d'abord eu envie de s'allonger et de s'endormir (l. 70-71), dit qu'il a besoin de ne pas compter les secondes (l. 172).

Ils se rapprochent

Tous les deux, ils ont besoin de silence, de rêve, de liberté (l. 170). En voyant les Gardes, ils se cachent ensemble (l. 108) et ensemble ils dépassent l'heure (l. 142-143). Quand la nuit tombe, les Gardes partent à leur recherche. Eva et Ludo se sentent alors très proches et solidaires : ils se disent "tu" (l. 167).

Les Gardes

Ils sont là pour surveiller les gens qui sont en liberté (l. 84) et pour aller chercher ceux qui ont dépassé l'heure (l. 151 à 156).

Table